L'IDÉALISME ANGLAIS

ÉTUDE

SUR CARLYLE

PAR

H. TAINE

PARIS

GERMER BAILLIÈRE, LIBRAIRE-ÉDITEUR

Rue de l'Ecole-de-Médecine, 17.

<table>
<tr><td>**Londres**</td><td>**New-York**</td></tr>
<tr><td>Hipp. Baillière, 219, Regent street.</td><td>Baillière brothers, 440, Broadway.</td></tr>
</table>

MADRID, C. BAILLY-BAILLIÈRE, PLAZA DEL PRINCIPE ALFONSO, 16.

1864

L'IDÉALISME ANGLAIS

OUVRAGES DU MÊME AUTEUR

Voyage aux Pyrénées. 4e édit., in-18....... 3 fr. 50

La Fontaine et ses fables. 4e édit., in-18..... 3 fr. 50

Les Philosophes français du XIXe siècle. 2e édit.,

   in-18...................................... 3 fr. 50

Essai sur Tite-Live. 2e édit., in-18........ 3 fr. 50

Essai de critique et d'histoire. In-18........ 3 fr. 50

Histoire de la littérature anglaise. 3 vol. in-8.. 22 fr. 50

Les Écrivains anglais contemporains. In-8,
   pour faire suite à l'Histoire de la littérature
   anglaise. (*Sous presse.*)

Le Positivisme anglais, étude sur Stuart Mill.
   in-18................................... 2 fr. 50

Paris. — Imprimerie de E. MARTINET, rue Mignon, 2.

ÉTUDE

SUR CARLYLE

Lorsqu'on demande aux Anglais, surtout à ceux qui n'ont pas quarante ans, quels sont chez eux les hommes qui pensent, ils nomment d'abord Carlyle ; mais en même temps ils vous conseillent de ne pas le lire, en vous avertissant que vous n'y entendrez rien du tout. Là-dessus, comme il est naturel, on se hâte de prendre les vingt volumes de Carlyle, critique, histoire, pamphlets, fantaisies, philosophie ; on les lit avec des émotions fort étranges, et en démentant chaque matin son jugement de la veille. On découvre enfin qu'on est devant un animal

extraordinaire, débris d'une race perdue, sorte
de mastodonte égaré dans un monde qui n'est
point fait pour lui. On se réjouit de cette bonne
fortune zoologique, et on le dissèque avec une
curiosité minutieuse, en se disant qu'on n'en
retrouvera peut-être pas un second.

§ I.

SON STYLE ET SON ESPRIT

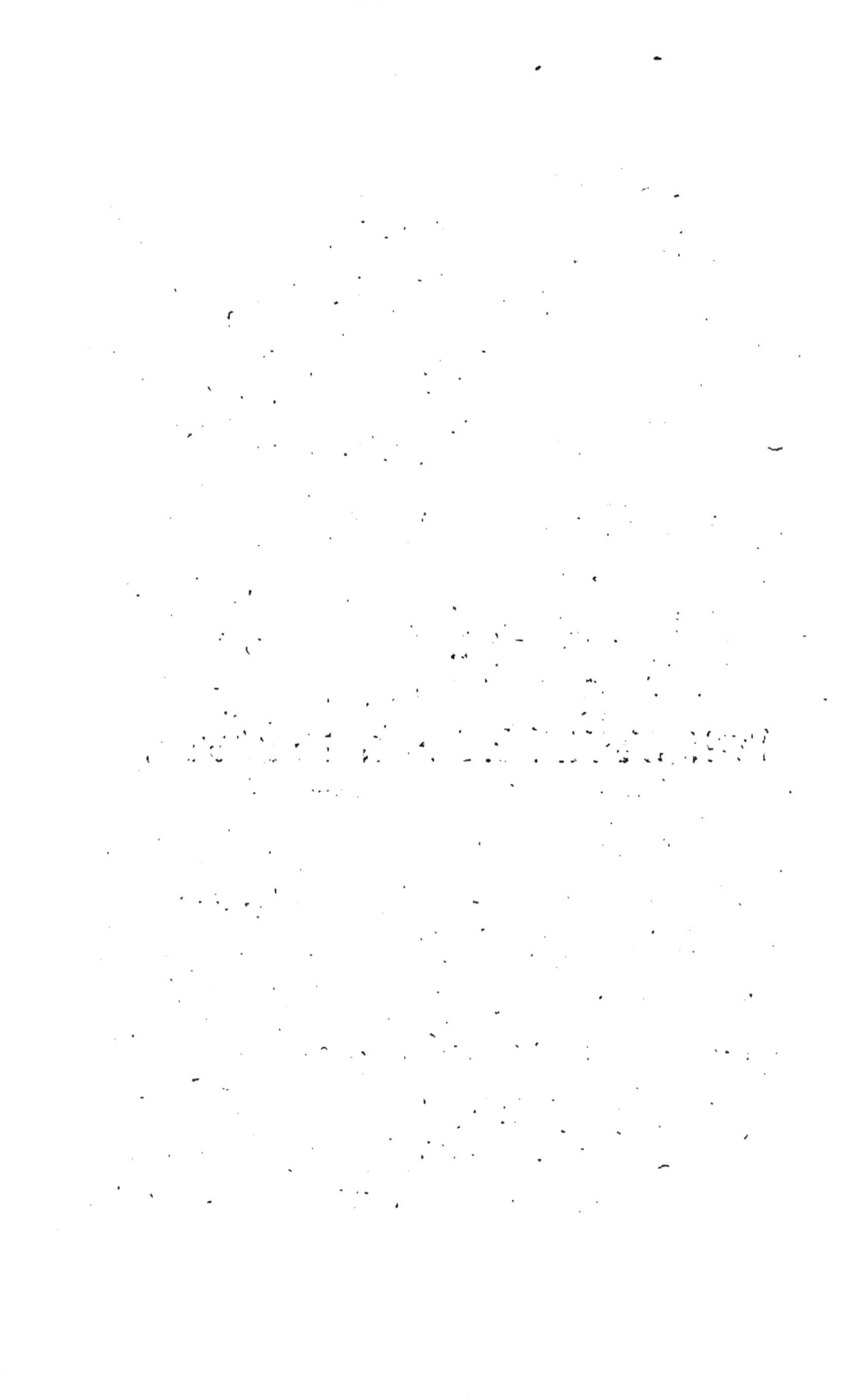

I.

On est dérouté d'abord. Tout est nouveau
ici, les idées, le style, le ton, la coupe des
phrases et jusqu'au dictionnaire. Il prend tout
à contre-pied, il violente tout, les expressions
et les choses. Chez lui les paradoxes sont posés
en principes; le bon sens prend la forme de
l'absurde : on est comme transporté dans un
monde inconnu dont les habitants marchent la
tête en bas, les pieds en l'air, en habits d'ar-
lequins, de grands seigneurs et de maniaques,
avec des contorsions, des soubresauts et des
cris; on est étourdi douloureusement de ces

sons excessifs et discordants; on a envie de se
boucher les oreilles, on a mal à la tête, on est
obligé de déchiffrer une nouvelle langue. On
regarde à la table des volumes qui doivent être
les plus clairs, l'*Histoire de la Révolution française*, par exemple, et l'on y lit ces titres de
chapitres : « Idéaux réalisés — Viatique —
Astræa redux — Pétitions en hiéroglyphes —
Outres — Mercure dè Brézé — Broglie le dieu
de la guerre. » On se demande quelles liaisons
il peut y avoir entre ces charades et les événements si nets que nous connaissons tous. On
s'aperçoit alors qu'il parle toujours en énigmes.
« Hacheurs de logique » (1), voilà comme il
désigne les analystes du dix-huitième siècle.
« Sciences de castors », c'est là son mot pour
les catalogues et les classifications de nos savants
modernes. « Le clair de lune transcendantal »,
entendez par là les rêveries philosophiques et
sentimentales importées d'Allemagne. Culte de la

_____

(1) *Logick-choppers.*

« calebasse rotatoire » : cela signifie la religion extérieure et mécanique (1). Il ne peut pas s'en tenir à l'expression simple ; il entre à chaque pas dans les figures ; il donne un corps à toutes ses idées ; il a besoin de toucher des formes. On voit qu'il est obsédé et hanté de visions éclatantes ou lugubres ; chaque pensée en lui est une secousse ; un flot de passion fumeuse arrive en bouillonnant dans ce cerveau qui regorge, et le torrent d'images déborde et roule avec toutes les boues et toutes les splendeurs. Il ne peut pas raisonner, il faut qu'il peigne. S'agit-il d'expliquer l'embarras d'un jeune homme obligé de choisir une carrière parmi les convoitises et les doutes de l'âge où nous vivons, il vous montre (2) « un monde détraqué, bal-

---

(1) Parce que les Kalmouks mettent des prières dans une calebasse que le vent fait tourner, ce qui produit, à leur avis, une adoration perpétuelle. De même les moulins à prières du Tibet.

(2) « A world all rocking and plunging, like that old Roman one, when the measure of its iniquities was full ; the abysses,

1.

» lotté, et plongeant comme le vieux monde
» romain quand la mesure de ses iniquités fut
» comblée; les abîmes, les déluges supérieurs
» et souterrains crevant de toutes parts, et dans
» ce furieux chaos de clarté blafarde, toutes les
» étoiles du ciel effacées. A peine une étoile du
» ciel qu'un œil humain puisse maintenant
» apercevoir; les brouillards pestilentiels, les
» impures exhalaisons devenues incessantes;
» excepté sur les plus hauts sommets, ont ef-

and subterranean and supernal deluges, plainly broken
loose; in the wild dim lighted chaos all stars of heaven
gone out. No star of heaven visible, hardly now to any man;
the pestiferous fogs and foul exhalations grown continual,
have, except on the highest mountain tops, blotted out all
stars; will-o'-wisps, of various course and colour, take the
place of stars. Over the wild-surging chaos, in the leaden
air, are only sudden glazes of revolutionary lightning; then
mere darkness with philanthropistic phosphorescences,
empty meteoric lights; here and there an ecclesiastical
luminary still hovering, hanging on to its old quaking
fixtures, pretending still to be a moon or sun, though
visibly it is but a chinese lantern made of *paper* mainly
with candle-end foully dying in the heart of it. »

(Life of Sterling, 55.)

» facé toutes les étoiles du ciel. Des feux fol-
» lets, qui çà et là courent avec des couleurs
» diverses, ont pris la place des étoiles. Sur la
» houle sauvage du chaos, dans l'air de plomb,
» il n'y a que des flamboiements brusques d'é-
» clairs révolutionnaires ; puis rien que les té-
» nèbres, avec les phosphorescences de la phi-
» lanthropie, ce vain météore ; çà et là un lu-
» minaire ecclésiastique qui surplombe, suspendu
» à ses vieilles attaches vacillantes, prétendant
» être encore une lune ou un soleil, — quoique
» visiblement ce ne soit plus qu'une lanterne
» chinoise, composée surtout de *papier*, avec un
» bout de chandelle qui meurt malproprement
» dans son cœur. »

Figurez-vous un volume, vingt volumes composés de tableaux pareils, reliés par des excla-
mations et des apostrophes; l'histoire même,
son *Histoire de la Révolution française*, ressemble à un délire. Carlyle est un *voyant* puritain
qui voit passer devant lui les échafauds, les or-
gies, les massacres, les batailles, et qui, assiégé

de fantômes furieux ou sanglants, prophétise,
encourage ou maudit. Si vous ne jetez pas le
livre de colère et de fatigue, vous perdez le jugement; vos idées s'en vont, le cauchemar vous
prend ; un carnaval de figures contractées et
féroces tourbillonne dans votre tête; vous entendez des hurlements d'insurrection, des accla-
mations de guerre; vous êtes malade : vous res-
semblez à ces auditeurs des exaltés covenantaires
que la prophétie remplissait de dégoût ou d'enthousiasme, et qui cassaient la tête au prophète, s'ils ne le prenaient pour général.

Ces violentes saillies vous paraîtront encore
plus violentes si vous remarquez l'étendue du
champ qu'elles parcourent. Du sublime à l'ignoble, du pathétique au grotesque, il n'y a qu'un
pas pour Carlyle. Il touche du même coup les
deux extrêmes. Ses adorations finissent par des
sarcasmes. « L'univers est pour lui aussi bien un
oracle et un temple qu'une cuisine et une écu-
rie. » Il est à son aise dans le mysticisme comme
dans la brutalité.

« Un silence de mort, dit-il en parlant d'un
» coucher de soleil au cap Nord (1) ; rien que
» les roches de granit avec leurs teintes de pour-
» pre et le pacifique murmure de l'Océan po-
» laire soulevé par une ondulation lente, au-
» dessus duquel, dans l'extrême nord, pend le
» grand soleil, bas et paresseux, comme si, lui
» aussi, il voulait s'assoupir. Pourtant sa couche
» de nuages est tissue d'écarlate et de drap d'or ;
» pourtant sa lumière ruisselle sur le miroir
» des eaux comme un pilier de feu qui vacille
» descendant vers l'abîme et se couchant sous
» mes pieds. En de tels moments, la solitude est
» sans prix ; qui voudrait parler ou être vu,
» lorsque derrière lui gisent l'Europe et l'Afri-
» que profondément endormies, et que devant
» lui s'ouvrent l'immensité silencieuse et le pa-
» lais de l'Éternel, dont notre soleil est une
» lampe, —une lampe du porche (2)? » Voilà les

____

(1) *Sartor resartus.*

(2) « Silence as of death, » writes he ; « for midnight,
» even in the arctic latitudes, has its character : nothing

magnificences qu'il rencontre toutes les fois qu'il est face à face avec la nature. Nul n'a contemplé avec une émotion plus puissante les astres muets qui roulent éternellement dans le firmament pâle et enveloppent notre petit monde. Nul n'a contemplé avec une terreur plus religieuse l'obscurité infinie où notre pauvre pensée apparaît un instant comme une lueur, et tout à côté de nous le morne abîme où « la chaude frénésie de la vie » va s'éteindre. Ses yeux sont habituellement fixés sur ces grandes ténèbres, et il peint avec un frémissement de

» but the granite cliffs ruddy-tinged, the peaceable gurgle
» of that slow-heaving polar Ocean, over which in the
» utmost North the great sun hangs low and lazy, as if he
» too were slumbering. Yet is his cloud-couch wrought of
» crimson and cloth of gold; yet does his light stream over
» the mirror of waters, like a tremulous fire-pillar, shoot-
» ing downwards to the abyss, and hide itself under my
» feet. In such moments, solitude also is invaluable; for
» who would speak, or be looked on, when behind him lies
» all Europe and Africa, fast asleep, except the watchmen;
» and before him the silent immensity, and palace of the
» Eternal, whereof our sun is but a porch-lamp. »

vénération et d'espérance l'effort que les religions ont fait pour les percer. « Au cœur des
» plus lointaines montagnes (1), dit-il, s'élève
» la petite église. Les morts dorment tous à
» l'entour sous leurs blanches pierres tumulai-
» res dans l'attente d'une résurrection heureuse.
» Ton âme serait bien morte, si jamais, à au-
» cune heure, à l'heure gémissante de minuit,
» quand le spectre de cette église pendait dans
» le ciel, et que l'être était comme englouti
» dans les ténèbres; — tu serais bien inerte,
» si elle ne t'a pas dit des choses indicibles qui
» sont allées jusqu'à l'âme de ton âme. Celui-là
» était fort qui avait une Église, ce que nous
» pouvons appeler une Église. Il se tenait de-
» bout par elle, quoique au centre des immen-
» sités, au confluent des éternités; il se tenait
» debout comme un homme devant Dieu et de-
» vant l'homme. Le vaste univers sans rivage
» était devenu pour lui une ferme cité, — une

(1) *French Revolution*, I, 13.

» demeure qu'il connaissait (1). » Rembrandt seul a rencontré ces sombres visions noyées d'ombre, traversées de rayons mystiques ; voilà l'Église qu'il a peinte (2); voilà la mystérieuse apparition flottante pleine de formes radieuses qu'il a posée au plus haut du ciel, au-dessus de la nuit orageuse et de la terreur qui secoue les êtres mortels. Les deux imaginations ont la même grandeur douloureuse, les mêmes rayonnements et les mêmes angoisses. Et toutes les

---

(1) « In the heart of the remotest mountains rises the little kirk ; the dead all slumbering round it, under their white memorial-stones, « in hope of happy resurrection. » Dull wert thou, o reader, if never in any hour (say of moaning midnight, when such kirk hung spectral in the sky, and being was as if swallowed up of darkness), it spoke to thee-things unspeakable that went to the soul'soul. Strong was he that had a church, what we can call a church ; he stood thereby, though « in the centre of immensities, in the conflux of eternities, » yet manlike toward God and man ; the vague shoreless universe had bekome for him a firm city and dwelling which he knew.

(*History of the French Revolution*, ch. 2.)

(2) Dans l'*Adoration des bergers*.

deux s'abattent aussi facilement dans la triviali-
lité et la crudité. Nul ulcère, nulle fange n'est
assez repoussante pour dégoûter Carlyle. A
l'occasion il comparera le politique qui cherche
la popularité (1) « au chien noyé de l'été dernier qui monte et remonte la Tamise selon le
courant et la marée, que vous connaissez de vue
et aussi de nez, que vous trouvez là à chaque
voyage, et dont la puanteur devient chaque jour
plus intolérable. « Le saugrenu, les disparates
abondent dans son style. Quand le cardinal de
Loménie, si frivole, propose de convoquer une
cour plénière, il le trouve semblable « aux se-
rins dressés qui sont capables de voler gaiement
avec une mèche allumée entre leurs pattes, et
de mettre le feu à des canons — à des magasins
de poudre (2). » Au besoin, il tourne aux images drolatiques. Il finit un dithyrambe par une
caricature. Il éclabousse les magnificences avec

---

(1) *Latter day Pamphlets.*
(2) *French Revolution*, I, 137.

des polissonnéries baroques. Il accouple la poésie au calembour. « Le génie de l'Angleterre,
dit-il à la fin de son livre sur Cromwell, ne plane
plus les yeux sur le soleil, défiant le monde,
comme un aigle à travers les tempêtes! Le génie
de l'Angleterre, bien plus semblable à une autruche vorace tout occupée de sa pâture et soi-
gneuse de sa peau, présente son *autre* extrémité
au soleil, sa tête d'autruche enfoncée dans le
premier buisson venu, sous de vieilles chapes
ecclésiastiques, sous des manteaux royaux, sous
l'abri de toutes les défroques qui peuvent se
trouver là; c'est dans cette position qu'elle at-
tend l'issue. L'issue s'est fait attendre, mais on
voit maintenant qu'elle est inévitable. Il n'y a pas
d'autruche tout occupée de sa grossière pâture
terrestre, et la tête enfoncée dans de vieilles défroques, qui ne soit éveillée un jour d'une façon
terrible, *à posteriori*, sinon autrement (1). »

(1) « The genius of England no longer soars sunward,
world defiant, like an eagle through the storms, « mewing

C'est par cette bouffonnerie qu'il conclut son meilleur livre, sans quitter l'accent sérieux, douloureux, au milieu des anathèmes et des prophéties. Il a besoin de ces grandes secousses. Il ne sait pas se tenir en place, n'occuper à la fois qu'une province littéraire. Il bondit par saccades effrénées d'un bout à l'autre du champ des idées; il confond tous les styles, il entremêle toutes les formes; il accumule les allusions païennes, les réminiscences de la Bible, les abstractions allemandes, les termes techniques, la poésie, l'argot, les mathématiques, la physiologie, les vieux mots, les néologismes. Il n'est

his mighty gouth, » as John Milton saw her do; the genius of England, much liker a greedy ostrich intent on provender and a whole skin mainly, stands with its *other* extremity sunward, with its ostrich-head stuck into the readiest bush, of old church-tippets, king-cloaks, or what other « sheltering fallacy » there may be, and so awaits the issue. The issue has been slow; but it is now seen to have been inevitable. No ostrich intent on gross terrene provender, and sticking its head into fallacies, but will be awakened one day in a terrible *a posteriori* manner, if not otherwise. »   (*Cromwell's Letters*, fin.)

rien qu'il ne foule et ne ravage. Les construc-
tions symétriques de l'art et de la pensée humaine, dispersées et bouleversées, s'amon-
cellent sous sa main en un gigantesque amas de
débris informes, au haut duquel, comme un
conquérant barbare, il gesticule et il combat.

II

Cette disposition d'esprit produit l'*humour*, mot intraduisible, car la chose nous manque. L'*humour* est le genre de talent qui peut amuser des Germains, des hommes du Nord ; il convient à leur esprit comme la bière et l'eau-de-vie à leur palais. Pour les gens d'une autre race, il est désagréable ; nos nerfs le trouvent trop âpre et trop amer. Entre autres choses, ce talent contient le goût des contrastes. Swift plaisante avec la mine sérieuse d'un ecclésiastique qui officie, et développe, en homme convaincu, les absurdités les plus grotesques. Hamlet, secoué

de terreur et désespéré, petille de bouffonneries.
Heine se moque de ses émotions au moment où
il s'y livre. Ils aiment les travestissements, mettent une robe solennelle aux idées comiques,
une casaque d'arlequin aux idées graves. — Un
autre trait de l'*humour* est l'oubli du public.
L'auteur nous déclare qu'il ne se soucie pas de
nous, qu'il n'a pas besoin d'être compris ni ap-
prouvé, qu'il pense et s'amuse tout seul, et que
si son goût et ses idées nous déplaisent, nous
n'avons qu'à décamper. Il veut être raffiné et
original tout à son aise ; il est chez lui dans son
livre, et portes closes ; il se met en pantoufles,
en robe de chambre, bien souvent les pieds en
l'air, parfois sans chemise. Carlyle a son style
propre, et note son idée à sa façon ; c'est à nous
de la comprendre. Il fait allusion à un mot de
Gœthe, de Shakspeare, à une anecdote qui en
ce moment le frappe ; tant pis pour nous si nous
ne le savons pas. Il crie quand l'envie lui en
prend ; tant pis pour nous si nos oreilles ne s'y
accommodent pas. Il écrit selon les caprices de

l'imagination, avec tous les soubresauts de l'in-
vention ; tant pis pour nous si notre esprit va
d'un autre pas. Il note au vol toutes les nuances,
toutes les bizarreries de sa conception ; tant pis
pour nous si la nôtre n'y atteint pas. — Un
dernier trait de l'*humour* est l'irruption d'une
jovialité violente enfouie sous un monceau de
tristesses. L'indécence saugrenue apparaît brusquement. La nature physique, cachée et oppri-
mée sous des habitudes de réflexion mélanco-
lique, se met à nu pour un instant. Vous voyez
une grimace, un geste de polisson, puis tout
rentre dans la solennité habituelle. — Ajoutez
enfin les éclats d'imagination imprévus. L'humoriste renferme un poëte ; tout d'un coup,
dans la brume monotone de la prose, au bout
d'un raisonnement, un paysage étincelle : beau
ou laid, il n'importe ; il suffit qu'il frappe. Ces
inégalités peignent bien le Germain solitaire,
énergique, imaginatif, amateur de contrastes
violents, fondé sur la réflexion personnelle et
triste, avec des retours imprévus de l'instinct

physique, si différent des races latines et classiques, races d'orateurs ou d'artistes, où l'on n'écrit
qu'en vue du public, où l'on ne goûte que des
idées suivies, où l'on n'est heureux que par le
spectacle des formes harmonieuses, où l'imagination est réglée, où la volupté semble naturelle.
Carlyle est profondément Germain, plus voisin de
la souche primitive qu'aucun de ses contemporains, étrange et énorme dans ses fantaisies et
dans ses plaisanteries; il s'appelle lui-même «un
taureau sauvage embourbé dans les forêts de la
Germanie (1). » Par exemple, son premier livre,
Sartor resartus, qui est une philosophie du costume, contient, à propos des tabliers et des
culottes, une métaphysique, une politique, une
psychologie. L'homme, d'après lui, est un animal habillé. La société a pour fondement le drap.
« Car, comment sans habits pourrions – nous

---

(1) « Such a bemired auerochs or uras of the German
woods... the poor wood-ox so bemired in the forests. »
                                        (*Life of Sterling,* 147.)

posséder la faculté maîtresse, le siége de l'âme,
la vraie glande pinéale du corps social, je veux
dire une *bourse?* » D'ailleurs, aux yeux de la
pure raison, qu'est-ce que l'homme? « Un esprit,
» une apparition divine, un moi mystérieux,
» qui, sous ses guenilles de laine, porte un vête-
» ment de chair tissu dans les métiers du ciel,
» par lequel il est révélé à ses semblables, par
» lequel il voit et se fabrique pour lui-même un
» univers avec des espaces azurés pleins d'étoiles
» et de longs milliers de siècles (1). » Le para-

(1) « To the eye of vulgar logic, » says he, « what is
» man? An omnivorous biped that wears breeches. To the
» eye of pure reason what is he? A soul, a spirit, and
» divine apparition. Round his mysterious ME, there lies,
» under all those wool-rags, a garment of flesh (or of
» senses), contextured in the loom of heaven; whereby he
» is revealed to his like, and dwells with them in UNION
» and DIVISION; and sees and fashions for himself a uni-
» verse with azure starry spaces and long thousands of
» years. Deep hidden is he under that strange garment;
» amid sounds and colours and forms, as it were, swathed
» in and inextricably overshrouded : yet it is skywoven
» and worthy of a God. »

doxe continue, à la fois baroque et mystique, cachant des théories sous des folies, mêlant ensemble les ironies féroces, les pastorales tendres, les récits d'amour, les explosions de fureur, et des tableaux de carnaval. Il démontre fort bien que « le plus remarquable événement de l'histoire moderne n'est pas la diète de Worms, ni la bataille d'Austerlitz ou de Wagram, ou toute autre bataille, mais bien l'idée qui vint à Fox le quaker de se faire une culotte de cuir (1) » ; car, ainsi vêtu pour toute sa vie, logeant dans un arbre et mangeant des baies sauvages, il pouvait rester oisif et inventer à son aise le puritanisme, c'est-à-dire le culte de la conscience. Voilà de quelle façon Carlyle traite les idées qui lui sont les plus chères. Il ricane à propos de la doc-

---

(1) « Perhaps the most remarkable incident in modern history is not the diet of Worms, still less the battle of Austerlitz, Wagram, Waterloo, or any other battle, but an incident passed carelessly over by most historians, and treated with some degree of ridicule by others, namely George Fox's making to himself a suit of leather. »

trine qui va employer sa vie et occuper tout
son cœur.

Veut-on avoir l'abrégé de sa politique et son
opinion sur sa patrie ? Il prouve que dans la
transformation moderne des religions, deux
sectes principales se sont élevées, surtout en
Angleterre, l'une, celle des porte-guenilles,
l'autre, celle des dandies. « La première est
» composée de personnes ayant fait vœu de
» pauvreté et d'obéissance, et qu'on pourrait
» prendre pour des adorateurs d'Hertha, la
» Terre ; car ils fouillent avec zèle et travaillent
» continuellement dans son sein, ou bien ren—
» fermés dans des oratoires particuliers, ils
» méditent et manipulent les substances qu'ils
» ont extraites de ses entrailles. Comme les
» druides d'autre part, ils vivent dans des de—
» meures sombres, souvent même ils cassent les
» vitres de leurs fenêtres et les bourrent de
» pièces d'étoffes ou d'autres substances opaques,
» jusqu'à ce que l'obscurité convenable soit ré—
» tablie. Ils sont tous rhizophages ou mangeurs

» de racines. Quelques-uns sont ichthyophages
» et usent des harengs salés, s'abstenant de toute
» autre nourriture animale, hormis des animaux
» morts de mort naturelle, ce qui indique peut-
» être un sentiment brahminique étrangement
» perverti. Leur moyen universel de subsistance
» est la racine nommée pomme de terre, qu'ils
» cuisent avec le feu. Dans toutes leurs cérémo-
» nies religieuses, le fluide appelé whisky est,
» dit-on, chose requise, et il s'y en fait une large
» consommation (1). — « L'autre secte, celle

(1) « Something monastic there appears to be in their
» constitution : we find them-bound by the two monastic
» vows of poverty and obedience ; which vows, especially
» the former, it is said, they observe with great strictness ;
» nay, as I have understood it, they are pledged, and be it
» by any solemn Nazarene ordination or not, irrevocably
» enough consecrated thereto, even *before* birth. That the
» third monastic vow, of chastity, is rigidly enforced
» among them, I find no ground to conjecture.

   » Furthermore, they appear to imitate the Dandiacal
» sect in their grand principle of wearing a peculiar
» costume.

   » Their raiment consists of innumerable skirts, lappets,

» des dandies, affecte une grande pureté et le
» séparatisme, se distinguant par un costume

» and irregular wings, of all colours; through the laby-
» rinthic intricacies of which their bodies are introduced
» by some unknown process. It is fastened together by a
» multiplex combination of buttons, thrums and skewers,
» to which frequently is added a girdle of leather, of
» hempen or even of straw rope, round the loins. To straw
» rope, indeed, they seem partial and often wear it by
» way of sandals.

» One might fancy them worshippers of Hertha, or the
» Earth : for they dig and affectionately work continually
» in her bosom ; or else, shut up in private oratories, me-
» ditate and manipulate the substances derived from her ;
» seldom looking up towards the heavenly luminaries, and
» then with comparative indifference. Like the druids, no
» the other hand, they live in dark dwellings ; often even
» breaking their glass windows, where they find such, and
» stuffing them up with pieces of raiment or other opaque
» substances, till the fit obscurity is restored.

» In respect of diet, they have also their observances.
» All poor slaves are rhizophagous (or root-eaters).; a
» few are ichthyophagous, and use salted herrings : other
» animal food they abstain from; except indeed, with
» perhaps some strange inverted fragment of a brahminical
» feeling, such animals as die a natural death. Their uni-
» versal sustenance is the root named potato, cooked by

2.

» particulier, et autant que possible par une
» langue particulière, ayant pour but principal
» de garder une vraie tenue nazaréenne, et de
» se préserver des souillures du monde. » Du
reste, professant plusieurs articles de foi dont
les principaux sont : « que les pantalons doi-
» vent être très-collants aux hanches ; qu'il est
» permis à l'humanité, sous certaines restric-
» tions, de porter des gilets blancs ; — que nulle
» licence de la mode ne peut autoriser un homme
» de goût délicat à adopter le luxe additionnel
» postérieur des Hottentots. » — « Une certaine
» nuance de manichéisme peut être discernée en
» secte, et aussi une ressemblance assez grande
» avec la superstition des moines du mont Athos,
» qui, à force de regarder de toute leur atten-
» tion leur nombril, finissaient par y discerner
» la vraie Apocalypse de la nature et le ciel ré-
» vélé. Selon mes propres conjectures, cette

» fire alone.... In all their religious solemnities Potheen
» is said to be an indispensable requisite and largely con-
» sumed. »

» secte n'est qu'une modification, appropriée à
» notre temps de la superstition primitive, ap-
» pelée culte de soi-même (1). » Cela posé, il

(1) « A certain touch of manicheism, not indeed   in the
» gnostic shape, is discernible enough : also (for human
» error walks in a cycle, and reappears at intervals) a not
» inconsiderable resemblance to that superstition of the
» Athos monks, who by fasting from all nourishment, and
» looking intensely for a lengoth of time into their own
» navels, came to discern therein the true Apocalypse of
» Nature, and Heaven unveiled. To my own surmise, it
» appears as if the Dandiacal sect were but a new modifi-
» cation, adapted to the new time, of that primeval super-
» stition, *self-worship*.

» They affect great purity and separatism ; distinguish
» themselves by a particular costume (whereof some no-
» tices were given in the earlier part of this volume) ;
» likewise, so far as possible, by a particular speech
» (apparently some broken *lingua-franca*, or English-
» French) ; and, on the whole, strive to maintain a true
» Nazarene deportment, and keep themselves unspotted
» from the world.

» They have their temples, whereof the chief, as the
» Jewish Temple did, stands in their metropolis ; and is
» named *Almack's*, a word of uncertain etymology. They
» worship principally by night : and have their high-
» priests and highpriestesses, who, however, do not con-

tire les conséquences. « J'appellerais volontiers
» ces deux sectes deux machines électriques im-
» menses et vraiment sans modèle (tournées par
» la grande roue sociale), avec des batteries de

» tinue for life. The rites, by some supposed to be of the
» Menadic sort, or perhaps with an Eleusinian or Cabiric
» character, are held strictly secret. Nor are sacred Books
» wanting to the sect ; these they call *fashionable Novels :*
» however, the Canon is not completed, and some are
» canonical and others not.

» 1. Coats should have nothing of the triangle about
» them ; at the same time, wrinkles behind should be
» carefully avoided.

» 2. The collar is a very important point : it should be
» low behind, and slightly rolled.

» 3. No licence of fashion can allow a man of delicate
» taste to adopt the posterial luxuriance of a Hottentot.

» 4. There is safety in a swallow-tail.

» 5. The good sense of a gentleman is nowhere more
» finely developed than in his rings.

» 6. It is permitted to mankind, under certain restric-
» tions, to wear white waistcoats.

» 7. The trowsers must be exceedingly tight across the
» hips.

» All which proposition I, for the present, content
» myself with modestly but peremptorily and irrevocably
» denying. »

» qualité opposée ; celle des porte-guenilles étant
» la négative, et celle du dandysme étant la po-
» sitive ; l'une attirant à soi et absorbant heure
» par heure l'électricité positive de la nation (à
» savoir, l'argent) ; l'autre, également occupée à
» s'approprier la négative (à savoir, la faim aussi
» puissante que l'autre). Jusqu'ici vous n'avez vu
» que des petillements et des étincelles partielles
» et passagères. Mais attendez un peu jusqu'à ce
» que toute la nation soit dans un état électri-
» que, c'est-à-dire jusqu'à ce que toute votre
» électricité vitale, non plus neutre comme à
» l'état sain, soit distribuée en deux portions
» isolées, l'une positive, l'autre négative (à sa-
» voir, la faim et l'argent), et enfermées en deux
» bouteilles de Leyde grandes comme le monde !
» Le frôlement du doigt d'un enfant les met en
» contact et... (1). » Il s'arrête brusquement

(1) « I might call them two boundless and indeed unexam-
pled electric machines (turned by the « machinery of society ») with batteries of opposite quality ; Drudgism the
negative , Dandyism the positive ; one attracts hourly

et vous laisse à vos conjectures. Cette amère
gaieté est celle d'un homme furieux ou désespéré qui, de parti pris, et justement à cause de
la violence de sa passion, la contiendrait et
s'obligerait à rire, mais qu'un tressaillement
soudain révélerait à la fin tout entier. Il dit quelque part (1) qu'il y a au fond du naturel an-

toward it and appropriates all the positive electricity of the
nation (namely the money thereof); the other is equally
busy with the negative (that is to say the hunger), which is
equally potent. Hitherto you see only partial transient
sparkles and sputters; but wait a little, till the entire nation is in an electric state; till your whole vital electricity,
no longer heathfully neutral, is cut into two isolated portions
of positive and negative (of money and of hunger), and
stands there bottled up in two world-batteries. The stir-
ring of a child finger brings the two together, and then... »

(1) « Deep hidden it lies, far down in the centre, like
genial central fire, with stratum after stratum of arrangement, traditionary method, composed productiveness, all
built above it, vivified and rendered fertile by it : justice,
clearness, silence, perseverance, unhasting, unresting di-
ligence, hatred of disorder, hatred of injustice, which is the
worst disorder, characterise this people: the inward fire we
say, as all such fires would be, is hidden in the centre.
Deep hidden, but awakenable, but immeasurable ; let no
man awaken it. »

glais, sous toutes les habitudes de calcul et de sang-froid, une fournaise inextinguible, un foyer de rage extraordinaire, la rage des dévoués Scandinaves (1) qui, une fois lancés au fort de la bataille, ne sentaient plus les blessures, et vivaient, et combattaient, et tuaient, percés de coups dont le moindre, pour un homme ordinaire, eût été mortel. C'est cette frénésie destructive, ce soulèvement de puissances intérieures, inconnues, ce déchaînement d'une férocité, d'un enthousiasme et d'une imagination désordonnées et irréfrénables qui a paru chez eux à la Renaissance et à la Réforme, et dont un reste subsiste aujourd'hui dans Carlyle. En voici un vestige dans un morceau presque digne de Swift, et qui est l'abrégé de ses émotions habituelles en même temps que sa conclusion sur l'âge où nous voici (2) :

« Supposons, dit-il, que des cochons (j'entends des cochons à quatre pieds), doués de

(1) Berserkir..
(2) *Latter day Pamphlets,* *suitism;* 28.

» sensibilité et d'une aptitude logique supé-
» rieure, ayant atteint quelque culture, puis-
» sent, après examen et réflexion, coucher sur
» le papier, pour notre usage, leur idée de l'uni-
» vers, de leurs intérêts et de leurs devoirs; ces
» idées pourraient intéresser un public plein de
» discernement comme le nôtre, et leurs pro-
» positions en gros seraient celles qui suivent :
» 1° L'univers, autant qu'une saine conjecture
» peut le définir, est une immense auge à porcs,
» consistant en solides et en liquides, et autres
» variétés ou contrastes, mais spécialement en
» relavures qu'on peut atteindre et en relavures
» qu'on ne peut pas atteindre, ces dernières
» étant en quantité infiniment plus grande pour
» la majorité des cochons.

» 2° Le mal moral est l'impossibilité d'attein-
» dre les relavures. Le bien moral, la possibilité
» d'atteindre lesdites relavures.

» 3° La poésie des cochons consiste à recon-
» naître universellement l'excellence des rela-
» vures et de l'orge moulue, ainsi que la félicité

» des cochons dont l'auge est en bon ordre, et
» qui ont le ventre plein. Grun !

» 4° Le cochon connaît le temps. Il doit
» mettre le nez au vent pour regarder quelle
» sorte de temps va venir.

» 5° Qui a fait le cochon ? Inconnu. Peut-être
» le boucher.

» 6° Définissez le devoir complet des cochons.
» — La mission de la cochonnerie universelle
» et le devoir de tous les cochons en tous les
» temps, est de diminuer la quantité des rela-
» vures qu'on ne peut atteindre, et d'augmenter
» la quantité de celles qu'on peut atteindre.
» Toute connaissance, toute industrie, tout effort
» doit être dirigé vers ce terme et vers ce terme
» seul. La science des cochons, l'enthousiasme
» des cochons, le dévouement des cochons, n'ont
» pas d'autre but. C'est le devoir complet des
» cochons (1). »

(1) « Supposing swine (I mean fourfooted swine), of sensi-
» bility and superior logical parts, had attained such cul-

Voilà la fange où il plonge la vie moderne, et par-dessous toutes les autres la vie anglaise, noyant du même coup et dans la même bourbe

» ture ; and could, after survey and reflection, set down
» for us their notion of the Universe, and of their interests
» and duties there, might it not well interest a discerning
» pub'ic, perhaps in unexpected ways, and give a stimulus
» to the languishing book-trade? The votes of all creatures,
» it is understood at present, ought to he had, that you
» may « legislate » for them with better insight. « How can
» you govern a thing, » say many, « without first asking
» its vote? » Unless, indeed, you already chance to know
» its vote, — and even something more, namely, what you
» are to think of its vote : what *it* wants by its vote ; and,
» still more important, what Nature wants, — which latter,
» at the end of the account, is the only thing that will be
» got! — Pig propo itions, in a rough form, are somewhat
» as follows :

» 1. The Universe, so far as same conjecture can go, is
» an immeasurable swine's-trough, consisting of solid and
» liquid, and of other contrasts and kinds ; — especially
» consisting of attainable and unattainable, the latter in
» immensely greater quantities for most pigs.

» 2. Moral evil is unattainability of pig's-wash ; moral
» good, attainability of ditto.

» 3. « What is paradise, or the state of innocence? »
» Paradise, called also state of innocence; age of gold, and

l'esprit positif, le goût du confortable, là science industrielle, l'Église, l'État, la philosophie et la loi. Ce catéchisme cynique, jeté au milieu de

» other names, *was* (according to pigs of weak judgment)
» unlimited attainability of pig's wash; perfect fulfilment of
» one's wishes, so that the pig's imagination could not
» outrun reality: a fable, an impossibility, as pigs of sense
» now see.
» 4. « Define the whole duty of pigs. » It is the mission
» of universal pighood, and the duty of all pigs, in all
» times, to diminish the quantity of unattainable and in-
» crease that of attainable. All knowledge and device and
» effort ought to be directed thither and thither only; pig
» science, pig enthusiasm and devotion have this one aim.
» It is the whole duty of pigs.
» 5. Pig poetry ought to consist of universal recognition
» of the excellence of pig's-wash and ground barley, and the
» felicity of pigs whose trough is in order, and who have
» had enough : Hrumph!
» 6. The pig knows the weather; he ought to look out
» what kind of weather it will be.
» 7. « Who made the pig? » Unknown; — perhaps the
» pork-butcher?
» 8. « Have you law and justice in pigdom? » Pigs of
» observation have discerned that there is, or was once
» supposed to be, a thing called justice. Undeniably at least
» there is a sentiment in pig-nature called indignation,

déclamations furibondes, donne, je crois, la
note dominante de cet esprit étrange : c'est
cette tension forcenée qui fait son talent; c'est
elle qui produit et explique ses images et ses
disparates, son rire et ses fureurs. Il y a un mot
anglais intrăduisible qui peint cet état et montre
toute la constitution physique de la race : *His
blood is up*. En effet, le tempérament flegma-
tique et froid recouvre la surface; mais quand

» revenge, etc., which, if one pig provoke another, comes
» out in a more or less destructive manner : hence laws are
» necessary, amazing quantities of laws. For quarrelling is
» attended with loss of blood, of life, at any rate with
» frightful effusion of the general stock of hog's-wash, and
» ruin (temporary ruin) to large sections of the universal
» swine's-trough : wherefore let justice be observed, that
» so quarrelling be avoided.
» 9. « What is justice? » Your own share of the general
» swine's-trough, not any portion of my share.
» 10. « But what is my share? » Ah! there in fact lies
» the grand difficulty; upon which pig science, meditating
» this long while, can settle absolutely nothing. My share
» — hrumph! — my share is, on the whole, whatever I
» can contrive to get without being hanged or sent to the
» hulks. »

le sang soulevé a tourbillonné dans les veines,
l'animal enfiévré ne s'assouvit que par des ra-
vages et ne se contente que par des excès.

III

Il semble qu'une âme si violente, si enthou-
siaste et si sauvage, si abandonnée aux folies de
l'imagination, si dépourvue de goût, d'ordre et
de mesure, ne soit capable que de divaguer et
de s'user en hallucinations pleines de douleur
et de danger. En effet, beaucoup de ceux qui
ont eu ce tempérament, et qui sont véritablement ses ancêtres, les pirates norses, les poëtes
du xvi° siècle, les puritains du xvii°, ont été
des insensés, pernicieux aux autres et à eux-
mêmes, occupés à ravager les choses ou les
idées, dévastateurs de la sécurité publique et

de leur propre cœur. Deux barrières tout anglaises ont contenu et dirigé celui-ci : le sentiment du réel, qui est l'esprit positif, et le sentiment du sublime, qui fait l'esprit religieux,
L'un l'a appliqué aux choses réelles, l'autre lui
a fourni l'interprétation des choses réelles ; au
lieu d'être malade et visionnaire, il s'est trouvé
philosophe et historien.

IV

Il faut lire son histoire de Cromwell pour
comprendre jusqu'à quel degré ce sentiment du
réel le pénètre, de quelles lumières ce sentiment
du réel le munit; comme il rectifie les dates et
les textes, comme il vérifie les traditions et les
généalogies ; comme il visite les lieux, examine
les arbres, regarde les ruisseaux, sait les cul-
tures, les prix, toute l'économie domestique et
rurale, toutes les circonstances politiques et
littéraires; avec quelle minutie, quelle précision
et quelle véhémence il reconstruit devant ses
yeux et devant nos yeux le tableau extérieur des

objets et des affaires, le tableau intérieur des idées et des émotions. Et ce n'est point simplement de sa part conscience, habitude ou prudence, mais besoin et passion. Sur ce grand vide obscur du passé, ses yeux s'attachent aux rares points lumineux, comme à un trésor. La noire marée de l'oubli a englouti le reste; les millions de pensées et d'actions de tant de millions d'êtres ont disparu, et nulle puissance ne les fera de nouveau surgir à la lumière. Ces quelques points subsistent seuls, comme les têtes des plus hauts rocs dans un continent submergé. De quelle ardeur, avec quel profond sentiment des mondes détruits dont elles sont le témoignage, l'historien va-t-il porter sur elles ses mains pressantes, pour découvrir par leur nature et leur structure quelque révélation des grands espaces noyés que nul œil ne reverra plus ! Un chiffre, un détail de dépense, une misérable phrase de latin barbare est sans prix aux yeux de Carlyle. Je voudrais faire lire le commentaire dont il entoure la chronique du moine

Jocelyn (1) pour montrer l'impression qu'un fait prouvé produit sur une telle âme, tout ce qu'un vieux mot barbare, un compte de cuisine y soulève d'attention et d'émotion. « Le roi Jean-sans-Terre passa chez nous, écrit Jocelyn, laissant en tout treize pence sterling pour la dépense *tredecim sterlingii*). » « Il a été là, il
» y a été, lui, véritablement. Voilà la grande
» particularité, l'incommensurable, — celle qui
» distingue à un degré effectivement infini le
» plus pauvre fait historique de toute espèce de
» fiction quelle qu'elle soit. La fiction, l'imagi-
» nation, la poésie imaginative, quand elles ne
» sont pas le véhicule de quelque vérité, c'est-à-
» dire d'un fait de quelque genre, — que sont-
» elles ? — Regardez-y bien. — Cette Angleterre
» de l'an 1200 n'était pas un vide chimérique,
» une terre de songes, peuplée par de simples
» fantômes vaporeux, par les Fœdera de Rymer,
» par des doctrines sur la constitution, mais

(1) *Past and Present*,

» une solide terre verte où poussaient le blé et
» diverses autres choses. Le soleil luisait sur elle
» avec les vicissitudes des saisons et des fortunes
» humaines. On y tissait les étoffes, on s'en
» habillait; des fossés étaient creusés, des sillons
» tracés, des maisons bâties; jour par jour,
» hommes et animaux se levaient pour aller au
» travail; nuit par nuit, ils retournaient lassés
» chacun dans son gîte. — Ces vieux murs
» menaçants ne sont pas une conjecture, un
» amusement de dilettante, mais un fait sérieux;
» c'est pour un but bien réel et sérieux qu'ils
» ont été bâtis. — Oui, il y avait un autre
» monde quand ces noires ruines, blanches dans
» leur nouveau mortier et dans leurs ciselures
» fraîches, étaient des murailles et pour la pre-
» mière fois ont vu le soleil — il y a long-
» temps. — Cette architecture, dis-tu, ces
» beffrois, ces charruées de terre féodale? Oui.
» Mais ce n'est là qu'une petite portion de la
» chose. — Mon ami, est-ce que cela ne te fait
» jamais réfléchir, cette autre portion de la

» chose, je veux dire que ces hommes-là avaient
» une *âme,* — non par ouï-dire seulement,
» et par figure de style, — mais comme une
» vérité qu'ils savaient et d'après laquelle ils
» agissaient (1). » Et là-dessus il essaye de faire

(1) « For king Lackland *was* there, verily he ; there, we
say, is the grand peculiarity, the immeasurable one ; dis-
tinguishing to a really infinite degree the poorest historical
fact from all fiction whatsoever. Fiction, « imagination, imaginative poetry, » etc., etc., except as the vehicle for truth,
or fact of some sort... what is it?... Behold therefore ; this
England of the year 1200 was no chimerical vacuity or
dream-land peopled with mere vaporous fantasms, Rymer's
Fœdera, and Doctrines of the constitution, but a green
solid place, that grew corn and several other things. The sun
shone on it ; the vicissitude of seasons and human fortunes.
Cloth was woven and worn, Ditches were dug, furrow-fields
ploughed and houses built. Day by day all men and cattles
rose to labour, and night by night returned home weary to
their several lairs... And yet these grim old walls are not a
dilettantism and dubiety ; they are an earnest fact. It was
for a most real and serious purpose they were built for. Yes,
another world it was, when these black ruins, white in
their new mortar and fresh chiselling, first saw the sun as
walls, long ago... Their architecture, belfries, land-caru-
cates? Yes, and that is but a small item of the matter.
Does it never give thee pause, this other strange item of it,

revivre devant nous cette âme ; car c'est là son
trait propre, le trait propre de tout historien
qui a le sentiment du réel, de comprendre que
les parchemins, les murailles, les habits, les
corps eux-mêmes ne sont que des enveloppes et
des documents; que le fait véritable est le sentiment intérieur des hommes qui ont vécu, que
le seul fait important est l'état et la structure de
leur âme, qu'il s'agit avant tout et uniquement
d'arriver à lui, que de lui dépend le reste. Il
faut se dire et se répéter ce mot : l'histoire n'est
que l'histoire du cœur; nous avons à chercher
les sentiments des générations passées, et nous
n'avons à chercher rien autre chose. Voilà ce
qu'aperçoit Carlyle ; l'homme est devant lui,
ressuscité, et il perce jusque dans son intérieur,
il le voit sentir, souffrir et vouloir, de la façon
particulière et personnelle, absolument perdue
et éteinte, dont il a senti, souffert et voulu. Et

that men then had a *soul*, — not by hearsay alone, and as
a figure of speech, — but as a truth that they *knew*, and
practically went upon. »   (*Past and Present*, 65.)

il assiste à ce spectacle, non pas froidement, en homme qui voit les objets à demi, « dans une brume grise », indistinctement et avec incertitude, mais de toute la force de son cœur et de sa sympathie, en spectateur convaincu, pour qui les choses passées, une fois prouvées, sont aussi présentes et visibles que les objets corporels que la main manie et palpe en ce même instant. Il a si bien ce sentiment du fait, qu'il y appuie toute sa philosophie de l'histoire. A son avis, les grands hommes, rois, écrivains, prophètes et poëtes, ne sont grands que par là. « Le caractère de tout héros, en tout temps, en tout lieu, en toute situation, est de revenir aux réalités, de prendre son point d'appui sur les choses, non sur les apparences des choses (1). » Le grand homme découvre quelque fait inconnu ou méconnu, le

_____

(1) « It is the property of the hero, in every time, in every place, in every situation, that he comes back to reality; that he stands upon things, and not shews of things. »

(*On Heroes*, 193.)

proclame; on l'écoute, on le suit, et voilà toute l'histoire. Et non-seulement il le découvre et le proclame, mais il y croit et il le voit. Il y croit non par ouï-dire ou par conjecture, comme à une vérité simplement probable et transmise. Il le voit personnellement et face à face, avec une foi absolue et indomptable. Il a quitté l'opinion pour la conviction, la tradition pour l'intuition. Carlyle est si pénétré de son procédé, qu'il l'attribue à tous les grands hommes. Et il n'a pas tort, car il n'y en a pas de plus puissant. Partout où il entre avec cette lampe, il porte une lumière inconnue. Il perce les montagnes de l'érudition paperassière, et pénètre dans le cœur des hommes. Il dépasse partout l'histoire politique et officielle. Il devine les caractères, il comprend l'esprit des âges éteints, il sent mieux qu'aucun Anglais, mieux que M. Macaulay lui-même, les grandes révolutions de l'âme. Il est presque Allemand par sa force d'imagination, par sa perspicacité d'antiquaire, par ses larges vues générales. Et néanmoins il n'est pas faiseur de conjectures. Le bon sens national et l'énergique besoin de croyance profonde le retiennent au bord des suppositions; quand il en fait, il les donne pour ce qu'elles sont. Il n'a pas de goût pour l'histoire aventureuse. Il rejette les ouï-dire et les légendes; il n'accepte que sous réserve et à demi les étymologies et les hypothèses germaniques. Il veut tirer de l'histoire une loi positive et active pour lui-même et pour nous. Il en chasse et en arrache toutes les additions incertaines et agréables que la curiosité scientifique et l'imagination romanesque y accumulent. Il écarte cette végétation parasite, pour saisir le bois utile et solide. Et quand il l'a saisi, il le traîne si énergiquement devant nous pour nous le faire toucher, il le manie avec des mains si violentes, il le met sous une lumière si âpre, il l'illumine par des contrastes si brutaux d'images extraordinaires, que la contagion nous gagne et que nous atteignons en dépit de nous-mêmes l'intensité de sa croyance et de sa vision.

Il va au delà, ou plutôt il est emporté au
delà. Les faits saisis par cette imagination véhémente s'y fondent comme dans une flamme.
Sous cette furie de la conception, tout vacille.
Les idées, changées en hallucinations, perdent
leur solidité; les êtres semblent des rêves; le
monde apparaissant dans un cauchemar ne
semble plus qu'un cauchemar; l'attestation
des sens corporels perd son autorité devant
des visions intérieures aussi lucides qu'elle-
même. L'homme ne trouve plus de différence
entre ses songes et ses perceptions. Le mysticisme entre comme une fumée dans les parois
surchauffées de l'intelligence qui craque. C'est
ainsi qu'il a pénétré autrefois dans les extases
des ascètes indiens et dans les philosophies de
nos deux premiers siècles. Partout le même
état de l'imagination a produit la même doc-
trine. Les puritains, qui sont les vrais ancêtres
de Carlyle, s'y trouvaient tout portés. Shakspeare y arrivait par la prodigieuse tension de
son rêve poétique, et Carlyle répète sans cesse

d'après lui « que nous sommes faits de la même
étoffe que nos songes. » Ce monde réel, ces
événements si âprement poursuivis, circonscrits
et palpés ne sont pour lui que des apparitions ;
cet univers est divin. « Ton pain, tes habits,
tout y est miracle, la nature est surnaturelle. »
— « Oui, il y a un sens divin, ineffable, plein
de splendeur, d'étonnement et de terreur dans
l'être de chaque homme et de chaque chose ; je
veux dire la présence de Dieu qui a fait tout
homme et toute chose (1). » Délivrons-nous de
« ces pauvres enveloppes impies, de ces nomenclatures, de ces ouï-dire scientifiques » qui nous
empêchent d'ouvrir les yeux et de voir tel qu'il
est le redoutable mystère des choses. « La science
athée bavarde misérablement du monde, avec
ses classifications, ses expériences, et je ne sais

---

(1) « Thy daily life is girt with wonder, and based on
wonder ; thy very blankets and breeches are miracles.....
The unspeakable divine signifiance full of splendour and
wonder and terror lies in the being of every man and of
every thing : the presence of God who made every man and
thing. »

quoi encore, comme si le monde était une misérable chose morte, bonne pour être fourrée en
des bouteilles de Leyde et vendue sur des comp-
toirs. C'est une chose vivante, une chose ineffable
et divine, devant laquelle notre meilleure attitude, avec toute la science qu'il vous plaira, est
toujours la vénération, le prosternement pieux,
l'humilité de l'âme, l'adoration du silence, sinon
des paroles (1). » En effet, telle est l'attitude
ordinaire de Carlyle. C'est à la stupeur (2) qu'il
aboutit. Au delà et au-dessous des choses, il
aperçoit comme un abîme, et s'interrompt par
des tressaillements. Vingt fois, cent fois dans

(1) « Atheistic science babbles poorly of it, with scientific
nomenclatures, experiments and what not, as if it were a
poor dead thing, to be bottled up in Leyden jars, and sold
over counters. But the natural sense of man, in all times,
if he will honestly apply his sense, proclaims it to be a
living thing — ah, an unspeakable, godlike thing, towards
which the best attitude for us, after never so much science,
is awe, devout prostration and humility of soul, worship if
not in words, then in silence. »

(On Heroes, 3.)

(2) Wonder.

l'histoire de la révolution française, on le voit qui abandonne son récit et qui rêve. L'immensité de la nuit noire où surgissent pour un instant les apparitions humaines, la fatalité du crime qui une fois commis reste attaché à la chaîne des choses comme un chaînon de fer, la conduite mystérieuse qui pousse toutes ces masses flottantes vers un but ignoré et inévitable, ce sont là les grandes et sinistres images qui l'obsèdent. Il songe anxieusement à ce foyer de l'Être, dont nous ne sommes que les reflets. Il marche plein d'alarmes parmi ce peuple d'ombres, et il se dit qu'il en est une. Il se trouble à la pensée que ces fantômes humains ont leur substance *ailleurs* et répondront éternellement de leur court passage. Il s'écrie et frémit à l'idée de ce monde immobile, dont le nôtre n'est que la figure changeante. Il y devine je ne sais quoi d'auguste et de terrible. Car il le façonne et façonne le nôtre à l'image de son propre esprit ; il le définit par les émotions qu'il en tire et le figure par les impressions qu'il en reçoit. Un

chaos mouvant de visions splendides, de per-
spectives infinies s'émeut et bouillonne en lui
au moindre événement qu'il touche ; les idées
affluent, violentes, entrechoquées, précipitées de
tous les coins de l'horizon parmi les ténèbres et
les éclairs ; sa pensée est une tempête ; et ce
sont les magnificences, les obscurités et les ter-
reurs d'une tempête qu'il attribue à l'univers.
Une telle conception est la source véritable du
sentiment religieux et moral. L'homme qui en
est pénétré passe sa vie, comme les puritains,
à vénérer et à craindre. Carlyle passe sa vie
à exprimer et à imprimer la vénération et
la crainte, et tous ses livres sont des prédications.

V

Voilà certes un esprit étrange, et qui nous fait réfléchir. Rien de plus propre à manifester des vérités que ces êtres excentriques. Ce ne sera pas mal employer le temps que de chercher à celui-ci sa place, et d'expliquer par quelles raisons et dans quelle mesure il doit manquer ou atteindre la beauté et la vérité.

Sitôt que vous voulez penser, vous avez devant vous un objet entier et distinct, c'est-à-dire un ensemble de détails liés entre eux et séparés de leurs alentours. Quel que soit l'objet, arbre, animal, sentiment, événement, il en est toujours

de même ; il a toujours des parties, et ces parties
forment toujours un tout : ce groupe plus ou
moins vaste en comprend d'autres et se trouve
compris en d'autres, en sorte que la plus petite
portion de l'univers, comme l'univers entier, est
un *groupe*. Ainsi tout l'emploi de la pensée
humaine est de reproduire des groupes ; selon
qu'un esprit y est propre ou non, il est capable,
ou incapable ; selon qu'il peut reproduire des
groupes grands ou petits, il est grand ou petit ;
selon qu'il peut reproduire des groupes complets
ou seulement certaines de leurs parties, il est
complet ou partiel.

Qu'est-ce donc que reproduire un groupe ?
C'est d'abord en séparer toutes les parties, puis
les ranger en files selon leurs ressemblances,
ensuite former ces files en familles, enfin réunir
le tout sous quelque caractère général et domi-
nateur ; bref, imiter les classifications hiérar-
chiques des sciences. Sans doute ; mais la tâche
n'est point finie là ; car cette hiérarchie n'est
point un arrangement artificiel et extérieur,

mais une nécessité naturelle et intérieure. Les choses ne sont point mortes, elles sont vivantes; il y a une force qui produit et organise ce groupe, qui rattache les détails et l'ensemble, qui répète le type dans toutes ses parties. C'est cette force que l'esprit doit reproduire en lui-même avec tous ses effets; il faut qu'il la sente par contre-coup et par sympathie, qu'elle engendre en lui le groupe entier, qu'elle se développe en lui comme elle s'est développée hors de lui, que la série d'idées intérieures imite la série des choses extérieures, que l'émotion s'ajoute à la conception, que la vision achève l'analyse, que l'esprit devienne créateur comme la nature. Alors seulement nous pourrons dire que nous connaissons.

Tous les esprits entrent dans l'une ou l'autre de ces deux voies. Elles les divisent en deux grandes classes et correspondent à des tempéraments opposés. Dans la première sont les simples savants, les vulgarisateurs, les orateurs, les écrivains, en général les siècles classiques et les

races latines ; dans la seconde sont les poëtes,
les prophètes, ordinairement les inventeurs, en
général les siècles romantiques et les races germaniques. Les premiers vont pas à pas, d'une
idée dans l'idée voisine; ils sont méthodiques
et précautionnés; ils parlent pour tout le monde
et prouvent tout ce qu'ils disent; ils divisent
le champ qu'ils veulent parcourir en compar-
timents préalables, pour épuiser tout leur
sujet; ils marchent sur des routes droites et
unies, pour être sûrs de ne tomber jamais;
ils procèdent par transitions, par énumérations,
par résumés; ils avancent de conclusions générales en conclusions plus générales; ils font
l'exacte et complète classification du groupe.
Quand ils dépassent la simple analyse, tout
leur talent consiste à plaider éloquemment des
thèses; parmi les contemporains de Carlyle,
M. Macaulay, est le modèle le plus achevé
de ce genre d'esprit. — Les autres, après avoir
fouillé violemment et confusément dans les détails du groupe, s'élancent d'un saut brusque

dans l'idée mère. Ils le voient alors tout entier ; ils sentent les puissances qui l'organisent ; ils le reproduisent par divination ; ils le peignent en raccourci par les mots les plus expressifs et les plus étranges ; ils ne sont pas capables de le décomposer en séries régulières ; ils aperçoivent toujours en bloc. Ils ne pensent que par des concentrations brusques d'idées véhémentes. Ils ont la vision d'effets lointains où d'actions vivantes ; ils sont révélateurs ou poëtes. M. Michelet chez nous est le meilleur exemple de cette forme d'intelligence, et Carlyle est un Michelet anglais.

Il le sait, et prétend fort bien que le génie est une intuition, une vue du dedans (*insight*). « La méthode de Teufelsdrœckh, dit-il en » parlant d'un personnage dans lequel il se » peint lui-même, n'est jamais celle de la » vulgaire logique des écoles, où toutes les » vérités sont rangées en file, chacune tenant » le pan de l'habit de l'autre, mais celle de la » raison pratique, procédant par de larges

» intuitions qui embrassent des groupes et des
» royaumes entiers systématiques; ce qui fait
» régner une noble complexité, presque pa-
» reille à celle de la nature, dans sa philoso-
» phie: elle est une peinture spirituelle de la
» nature, un fouillis grandiose qui pourtant
» n'est pas dépourvu de plan (1). » Sans
doute, mais les inconvénients n'y manquent pas
non plus, et en premier lieu l'obscurité et la
barbarie. Il faut l'étudier laborieusement pour
l'entendre, ou bien avoir précisément le même
genre d'esprit que lui; mais peu de gens sont
critiques de métier ou voyants de nature; en
général, on écrit pour être compris, et il est
fâcheux d'aboutir aux énigmes.—D'autre part,

(1) « Our professor's method is not, in any case, that of
common school logic, where the truths all stand in a row,
each holding by the skirts of the other; but at best that of
practical reason, proceeding by large intuition over whole
systematic groups and kingdoms; whereby, we might say,
a noble complexity, almost like that of Nature, reigns in his
philosophy, or spiritual picture of Nature : a mighty maze,
yet, as faith whispers, not without a plan. »

ce procédé de visionnaire est hasardeux ; quand on veut sauter du premier coup dans l'idée intime et génératrice, on court risque de tomber à côté ; la démarche progressive est plus lente, mais plus sûre : les méthodiques, tant raillés par Carlyle, ont au moins sur lui l'avantage de pouvoir vérifier tous leurs pas.—Ajoutez que ces divinations et ces affirmations véhémentes sont fort souvent dépourvues de preuves ; Carlyle laisse au lecteur le soin de les chercher ; souvent le lecteur ne les cherche pas, et refuse de croire le devin sur parole. — Considérez encore que l'affectation entre infailliblement dans ce style. Il faut bien qu'elle soit inévitable, puisqu'un homme comme Shakspeare en est rempli. Le simple écrivain, prosateur et raisonneur, peut toujours raisonner et rester dans la prose ; son inspiration n'a pas d'intermittences et n'exige pas d'efforts. Au contraire, la prophétie est un état violent qui ne soutient pas toujours. Quand elle manque, on la remplace par de grands gestes. Carlyle se chauffe pour rester ardent. Il se démène, et cette épilepsie voulue, perpétuelle, est le spectacle le plus choquant. On ne peut souffrir un homme qui divague, se répète, revient sur les bizarreries et les exagérations qu'il a déjà osées, s'en fait un jargon, déclame, s'exclame, et prend à tâche, comme un mauvais comédien ampoulé, de nous faire mal aux nerfs. — Enfin, quand ce genre d'esprit rencontre dans une âme orgueilleuse des habitudes de prêcheur triste, il produit les mauvaises manières. Bien des gens trouveront Carlyle outrecuidant, grossier; ils soupçonneront, d'après ses théories et aussi d'après sa façon de parler, qu'il se considère comme un grand homme méconnu, de l'espèce des héros; qu'à son avis le genre humain devrait se remettre entre ses mains, lui confier ses affaires. Certainement il nous fait la leçon et de haut. Il méprise son époque; il a le ton maussade et aigre; il se tient volontiers sur les échasses. Il dédaigne les objections. A ses yeux ses adversaires ne sont pas de sa taille. Il bru-

talise ses prédécesseurs; quand il parle des bio-
graphes de Cromwell, il prend l'air d'un homme
de génie égaré parmi des cuistres. Il a le su-
prême sourire, la condescendance résignée
d'un héros qui se sait martyr, et il n'en sort
que pour crier à tue-tête, comme un plébéien
mal appris.

Tout cela est racheté et au delà par des
avantages rares. Il dit vrai : les esprits comme
le sien sont les plus féconds. Ils sont presque
les seuls qui fassent les découvertes. Les purs
classificateurs n'inventent pas, ils sont trop
secs. « Pour *connaître* une chose, ce que nous
pouvons appeler connaître, il faut d'abord
aimer la chose, sympathiser avec elle (1). » —
« L'entendement est ta fenêtre; tu ne peux
pas la rendre trop nette, mais l'imagination
est ton œil. — L'imagination est l'organe par

---

(1) « To know a thing, what we can call knowing, a man
must first *love* the thing, sympathize with it. »

(*On Heroes,* 167.)

lequel nous percevons le divin (1). » En langage plus simple, cela signifie que tout objet,
animé ou inanimé, est doué de forces qui con-
stituent sa nature et produisent son développement ; que pour le connaître il faut le recréer
en nous-mêmes avec le cortége de ses puissances, et que nous ne le comprenons tout entier qu'en sentant intérieurement toutes ses
tendances et en *voyant* intérieurement tous ses
effets. Et véritablement ce procédé, qui est
l'imitation de la nature, et le seul par lequel
nous puissions pénétrer dans la nature, Shakspeare l'avait pour instinct et Gœthe pour méthode. Il n'y en a point de si puissant ni de si
délicat, de si accommodé à la complexité des
choses et à la structure de notre esprit. Il n'y
en a point qui soit plus propre à renouveler
nos idées, à nous retirer des formules, à nous

(1) « Fantasy is the organ of the Godlike ; the understan-
ding is indeed thy window ; tos clear thou canot not make it,
but fantasy is thy eye, with its colour giving rinta, healthy
or diseased. »

délivrer des préjugés dont l'éducation nous recouvre, à renverser les barrières dont notre entourage nous enclôt. C'est par lui que Carlyle, étant sorti des idées officielles anglaises, a pénétré dans la philosophie et dans la science de l'Allemagne, pour repenser à sa façon les découvertes germaniques et donner une théorie originale de l'homme et de l'univers.

§ II.

SON ROLE

C'est d'Allemagne que Carlyle a tiré ses plus grandes idées. Il y a étudié. Il en connaît parfaitement la littérature et la langue. Il met cette littérature au premier rang. Il a traduit Wilhelm Meister. Il a composé sur les écrivains allemands une longue série d'articles critiques. En ce moment il écrit une histoire de Frédéric le Grand. Il a été le plus accrédité et le plus original des interprètes qui ont introduit l'esprit allemand en Angleterre. Ce n'est pas là une petite œuvre, car c'est à une œuvre semblable que tout le monde pensant travaille aujourd'hui.

I

De 1780 à 1830, l'Allemagne a produit toutes les idées de notre âge historique, et pendant un demi-siècle encore, pendant un siècle peut-être, notre grande affaire sera de les repenser. Les pensées qui sont nées et qui ont bourgeonné dans un pays ne manquent pas de se propager dans les pays voisins et de s'y greffer pour une saison ; ce qui nous arrive est déjà arrivé vingt fois dans le monde ; la végétation de l'esprit a toujours été la même, et nous pouvons, avec quelque assurance, prévoir pour l'avenir ce que nous observons pour le passé. A de certains moments paraît une *forme* d'esprit originale, qui produit une philosophie, une littérature, un art, une science, et qui, ayant renouvelé la pensée de l'homme, renouvelle lentement, infailliblement toutes ses pensées. Tous les esprits qui cherchent et trouvent sont dans le courant; ils n'avancent que par lui; s'ils s'y opposent, ils sont arrêtés; s'ils en dévient, ils sont ralentis; s'ils y aident, ils sont portés plus loin que les autres. Et le mouvement continue, tant qu'il reste quelque chose à inventer. Quand l'art a donné toutes ses œuvres, la philosophie toutes ses théories, la science toutes ses découvertes, il s'arrête; une autre forme d'esprit prend l'empire, ou l'homme cesse de penser. Ainsi parut à la renaissance le génie artistique et poétique qui, né en Italie et porté en Espagne, s'y éteignit au bout d'un siècle et demi dans l'extinction universelle, et qui, avec d'autres caractères, transplanté en France et en Angleterre, y finit au bout de cent ans parmi les raffinements des maniéristes et les folies des sectaires, après

avoir fait la Réforme, assuré la libre pensée et
fondé la science. Ainsi naquit avec Dryden et
Malherbe l'esprit oratoire et classique, qui,
ayant produit la littérature du xviie siècle et la
philosophie du xviiie, se dessécha sous les suc-
cesseurs de Voltaire et de Pope, et mourut au
bout de deux cents ans, après avoir poli l'Europe
et soulevé la révolution française. Ainsi s'éleva
à la fin du dernier siècle le génie philosophique
allemand qui, ayant engendré une métaphysique, une théologie, une poésie, une littérature, une linguistique, une exégèse, une érudition nouvelles, descend en ce moment dans les
sciences et continue son évolution. Nul esprit
plus original, plus universel, plus fécond en conséquences de toute portée et de toute sorte, plus
capable de tout transformer et de tout refaire,
ne s'est montré depuis trois cents ans. Il est du
même ordre que celui de la renaissance et celui
de l'âge classique. Il se rattache, comme eux,
toutes les grandes œuvres de l'intelligence contemporaine. Il apparaît comme eux dans tous

les pays civilisés. Il se propage comme eux avec
le même fonds et sous plusieurs formes. Il est
comme eux un des moments de l'histoire du
monde. Il se rencontre dans la même civilisation et dans les mêmes races. Nous pouvons
donc, sans trop de témérité, conjecturer qu'il
aura une durée et une destinée semblables. Nous
arrivons par là à fixer avec quelque précision
notre place dans le fleuve infini des événements
et des choses. Nous savons que nous sommes à
peu près au milieu de l'un des courants par-
tiels qui le composent. Nous pouvons démêler
la forme d'esprit qui le dirige, et chercher
d'avance vers quelles idées il nous conduit.

II

En quoi consiste cette forme? Dans la puissance de découvrir les idées générales. Nulle nation et nul âge ne l'a possédée à un si haut degré que ces Allemands. C'est là leur faculté dominante; c'est par cette force qu'ils ont produit tout ce qu'ils ont fait. Ce don est proprement le don de *comprendre* (*begreifen*). Par lui, on trouve des conceptions d'ensemble (*begriffe*); on réunit sous une idée maîtresse toutes les parties éparses d'un sujet; on aperçoit sous les divisions d'un groupe le lien commun qui les unit; on concilie les oppositions; on ramène les contrastes apparents à

une unité profonde. C'est la faculté philosophique par excellence, et, en effet, c'est la faculté philosophique qui, dans toutes leurs œuvres, a imprimé son sceau. Par elle, ils ont
vivifié des études sèches qui ne semblaient
bonnes que pour occuper des pédants d'académie ou de séminaire. Par elle, ils ont deviné la
logique involontaire et primitive qui a créé et
organisé les langues, les grandes idées qui sont
cachées au fond de toute œuvre d'art, les sour-
des émotions poétiques et les vagues intuitions
métaphysiques qui ont engendré les religions et
les mythes. Par elles, ils ont aperçu l'esprit des
siècles, des civilisations et des races, et trans-
formé en système de lois l'histoire qui n'était
qu'un monceau de faits. Par elle, ils ont retrouvé ou renouvelé le sens des dogmes, relié
Dieu au monde, l'homme à la nature, l'esprit
à la matière, aperçu l'enchaînement successif
et la nécessité originelle des formes dont l'ensemble est l'univers. Par elle, ils ont fait une
linguistique, une mythologie, une critique, une

esthétique, une exégèse, une histoire, une théologie et une métaphysique tellement neuves,
qu'elles sont restées longtemps inintelligibles et
n'ont pu s'exprimer que par un langage à part.
Et ce penchant s'est trouvé tellement souverain,
qu'il a soumis à son empire les arts et la poésie
elle-même. Les poëtes se sont faits érudits, philosophes ; ils ont construit leurs drames, leurs
épopées et leurs odes d'après des théories préalables, et pour manifester des idées générales.
Ils ont rendu sensibles des thèses morales, des
périodes historiques ; ils ont fabriqué et appliqué des esthétiques ; ils n'ont point eu de
naïveté, ou ils ont fait de leur naïveté un usage
réfléchi ; ils n'ont point aimé leurs personnages
pour eux-mêmes ; ils ont fini par les transformer en symboles ; leurs idées philosophiques ont
débordé à chaque instant hors du moule poétique où ils voulaient les enfermer ; ils ont été
tous des critiques (1), occupés à construire ou

(1) Gœthe au premier rang.

à reconstruire, possesseurs d'érudition et de méthodes, conduits vers l'imagination par l'art et l'étude, incapables de créer des êtres vivants, sinon par science et par artifice, véritables systématiques qui, pour exprimer leurs conceptions abstraites, ont employé, au lieu de formules, les actions des personnages et la musique des vers.

III

De cette aptitude à concevoir les ensembles
une seule idée pouvait naître, celle des ensembles. En effet, toutes les idées élaborées depuis
cinquante ans en Allemagne se réduisent à une
seule, celle du *développement (entwickelung)*,
qui consiste à représenter toutes les parties d'un
groupe comme solidaires et complémentaires,
en sorte que chacune d'elles nécessite le reste,
et que toutes réunies, elles manifestent par leur
succession et leurs contrastes la qualité intérieure qui les assemble et les produit. Vingt
systèmes, cent rêveries, cent mille métaphores

ont figuré ou défiguré diversement cette idée
fondamentale. Dépouillée de ses enveloppes,
elle n'affirme que la dépendance mutuelle qui
joint les termes d'une série, et les rattache
toutes à quelque propriété abstraite située dans
leur intérieur. Si on l'applique à la Nature, on
arrive à considérer le monde comme une échelle
de formes et comme une suite d'états ayant en
eux-mêmes la raison de leur succession et de
leur être, enfermant dans leur nature la nécessité de leur caducité et de leur limitation, com-
posant par leur ensemble un tout indivisible,
qui, se suffisant à lui-même, épuisant tous les
possibles et reliant toutes choses depuis le temps
et l'espace jusqu'à la vie et la pensée, ressemble
par son harmonie et sa magnificence à quelque
Dieu tout-puissant et immortel. Si on l'applique
à l'homme, on arrive à considérer les sentiments et les pensées comme des produits naturels et nécessaires, enchaînés entre eux comme
les transformations d'un animal ou d'une plante,
ce qui conduit à concevoir les religions, les phi-

losophies, les littératures, toutes les conceptions
et toutes les émotions humaines comme les
suites obligées d'un état d'esprit qui les emporte
en s'en allant; qui, s'il revient, les ramène, et
qui, si nous pouvons le reproduire, nous donne
par contre-coup le moyen de les reproduire à
volonté. Voilà les deux doctrines qui circulent
à travers les écrits des deux premiers penseurs
du siècle, Hegel et Gœthe. Ils s'en sont servis
partout comme d'une méthode, Hegel pour
saisir la formule de toute chose, Gœthe pour se
donner la vision de toute chose; ils s'en sont
imbus si profondément, qu'ils en ont tiré leurs
sentiments intérieurs et habituels, leur morale
et leur conduite. On peut les considérer comme
les deux legs philosophiques que l'Allemagne
moderne a faits au genre humain.

IV

Mais ces legs n'ont point été purs, et cette passion pour les vues d'ensemble a gâté ses propres œuvres par son excès. Il est rare que notre esprit puisse saisir les ensembles : nous sommes resserrés dans un coin trop étroit du temps et de l'espace ; nos sens n'aperçoivent que la surface des choses ; nos instruments n'ont qu'une petite portée ; nous n'expérimentons que depuis trois cents ans ; notre mémoire est courte et les documents par lesquels nous plongeons dans le passé ne sont que des flambeaux douteux, épars sur un champ immense qu'ils font

entrevoir sans l'éclairer. Pour relier les petits
fragments que nous pouvons atteindre, il faut
le plus souvent supposer des causes ou employer
des idées générales tellement vastes, qu'elles
peuvent convenir à tous les faits ; il faut avoir
recours à l'hypothèse ou à l'abstraction, inventer des explications arbitraires ou se perdre dans
les explications vagues. Ce sont là, en effet, les
deux vices qui ont corrompu la pensée allemande. La conjecture et la formule y ont
abondé. Les systèmes ont pullulé les uns par-
dessus les autres et débordé en une végétation
inextricable, où nul étranger n'osait entrer,
ayant éprouvé que chaque matin amenait une
nouvelle pousse, et que la découverte définitive
proclamée la veille allait être étouffée par une
autre découverte infaillible, capable tout au plus
de durer jusqu'au lendemain matin. Le public
européen s'étonnait de voir tant d'imagination
et si peu de bon sens, des prétentions si ambi-
tieuses et des théories si vides, une pareille in-
vasion d'êtres chimériques et un tel regorgement

d'abstractions inutiles, un si étrange manque de
discernement et un si grand luxe de déraison.
C'est que les folies et le génie découlaient de la
même source ; une même faculté, démesurée et
toute-puissante, produisait les découvertes et
les erreurs. Si aujourd'hui on regarde l'atelier
des idées humaines tout surchargé qu'il est et
encombré de ses œuvres, on peut la comparer
à quelque haut fourneau, machine monstrueuse
qui, jour et nuit, a flamboyé infatigablement, à
demi obscurcie par des vapeurs suffocantes, et
où le minerai brut, empilé par étages, a bouil-
lonné pour descendre en coulées ardentes dans
les rigoles où il s'est figé. Nul autre engin n'eût
pu fondre la masse informe empâtée par les
scories primitives ; il a fallu, pour la dompter,
cette élaboration obstinée et cette intense chaleur. Aujourd'hui les coulées inertes jonchent
la terre ; leur poids rebute les mains qui les
touchent ; si on veut les ployer à quelque usage,
elles résistent ou cassent : telles que les voilà,
elles ne peuvent servir ; et cependant, telles

que les voilà, elles sont la matière de tout outil et l'instrument de toute œuvre ; c'est à nous de les refondre. Il faut que chaque esprit les reporte à sa forge, les épure, les assouplisse, les reforme et retire du bloc grossier le pur métal.

V

Mais chaque esprit les reforgera selon la structure de son propre foyer ; car toute nation a son génie original dans lequel elle moule les idées qu'elle prend ailleurs. Ainsi l'Espagne, au xvi° et au xvii° siècle, a renouvelé avec un autre esprit la peinture et la poésie italiennes. Ainsi les puritains et les jansénistes ont repensé dans des cadres neufs le protestantisme primitif. Ainsi les Français du xviii° siècle ont élargi et publié les idées libérales que les Anglais avaient appliquées ou proposées en religion et en politique. Il en est de même aujourd'hui. Les Français ne peuvent atteindre du premier coup, comme les Allemands, les hautes conceptions d'ensemble. Ils ne savent marcher que pas à pas, en partant des idées sensibles, en s'élevant insensiblement aux idées abstraites, selon les méthodes progressives et l'analyse graduelle de Condillac et de Descartes. Mais cette voie plus lente conduit presque aussi loin que l'autre, et par surcroît elle évite bien des faux pas. C'est par elle que nous parviendrons à corriger et à comprendre les vues de Hegel et de Gœthe, et si l'on regarde autour de soi les idées qui percent, on découvre que nous y arrivons déjà. Le positivisme, appuyé sur toute l'expérience moderne, et allégé, depuis la mort de son fondateur, de ses fantaisies sociales et religieuses, a repris une nouvelle vie, en se réduisant à marquer la liaison des groupes naturels et l'enchaînement des sciences établies. D'autre part, l'histoire, le roman et la critique, aiguisés par les raffinements de la culture parisienne, ont fait toucher les lois des événements humains; la na-

ture s'est montrée comme un ordre de faits,
l'homme comme une continuation de la nature;
et l'on a vu un esprit supérieur, le plus délicat,
le plus élevé qui se soit montré de nos jours, re-
prenant et modérant les divinations allemandes,
exposer en style français tout ce que la science
des mythes, des religions et des langues em-
magasine au delà du Rhin depuis soixante
ans (1).

(1) M. Renan.

VI

La percée est plus difficile en Angleterre ; car l'aptitude aux idées générales y est moindre et la défiance contre les idées générales y est plus grande ; on y rejette de prime abord tout ce qui de près ou de loin semble capable de nuire à la morale pratique ou au dogme établi. L'esprit positif semble en devoir exclure toutes les idées allemandes ; et cependant c'est l'esprit positif qui les introduit. Par exemple, les théologiens (1), ayant voulu se représenter avec une

(1) Principalement M. Stanley et M. Jowett.

netteté et une certitude entière les personnages
du Nouveau Testament ont supprimé l'auréole
et la brume dans lesquelles l'éloignement les
enveloppait.; ils se les sont figurés avec leurs
vêtements, leurs gestes, leur accent, avec toutes
les nuances d'émotion que leur style a notées,
avec le genre d'imagination que leur siècle leur
a imposé, parmi les paysages qu'ils ont regar-
dés, parmi les monuments devant lesquels ils
ont parlé, avec toutes les circonstances physiques ou morales que l'érudition et les voyages
peuvent rendre sensibles, avec tous les rappro-
chements que la physiologie et la psychologie
modernes peuvent suggérer; ils nous en ont
donné l'idée précise et prouvée, colorée et figu-
rative (1); ils les ont vus non pas à travers des
idées et comme des mythes, mais face à face
et comme des hommes. Ils ont appliqué l'art
de Macaulay à l'exégèse, et si l'érudition allemande pouvait tout entière repasser par ce

(1) Graphic.

creuset, sa solidité serait double, et aussi son prix.

Mais il y a une autre voie toute germanique par laquelle les idées allemandes peuvent devenir anglaises. C'est celle que Carlyle a prise ; c'est par elle que la religion et la poésie dans les deux pays se correspondent ; c'est par elle que les deux nations sont sœurs. Le sentiment des choses intérieures (*insight*) est dans la race, et ce sentiment est une sorte de divination philosophique. Au besoin, le cœur tient lieu de cerveau. L'homme inspiré, passionné, pénètre dans l'intérieur des choses ; il aperçoit les causes par la secousse qu'il en ressent ; il embrasse les ensembles par la lucidité et la vélocité de son imagination créatrice ; il découvre l'unité d'un groupe par l'unité de l'émotion qu'il en reçoit. Car sitôt que vous créez, vous sentez en vous-même la force qui agit dans les objets que vous pensez ; votre sympathie vous révèle leur sens et leur lien ; l'intuition est une analyse achevée et vivante ; les poëtes et les prophètes, Shak-

speare et Dante, saint Paul et Luther, ont été
sans le vouloir des théoriciens systématiques, et
leurs visions renferment des conceptions générales de l'homme et de l'univers. Le mysticisme
de Carlyle est une puissance du même genre. Il
traduit en style poétique et religieux la philosophie allemande. Il parle comme Fichte « de
l'idée divine du monde, de la réalité qui gît au
fond de toute apparence. » Il parle comme Gœthe
« de l'esprit qui tisse éternellement la robe vivante de la Divinité. » Il prend leurs métaphores,
seulement il les prend au pied de la lettre. Il
considère comme un être mystérieux et sublime
le Dieu qu'ils considèrent comme une forme ou
comme une loi. Il conçoit par l'exaltation, par
la rêverie douloureuse, par le sentiment confus
de l'entrelacement des êtres, cette unité de la
nature qu'ils démêlent à force de raisonnements
et d'abstractions. Voilà un dernier chemin, es-
carpé sans doute et peu fréquenté, pour atteindre aux sommets où s'est élancée du premier
coup la pensée allemande. L'analyse méthodique

jointe à la coordination des sciences positives,
la critique française raffinée par le goût littéraire et l'observation mondaine, la critique anglaise appuyée sur le bon sens pratique et l'intuition positive; enfin, dans un recoin écarté,
l'imagination sympathique et poétique, ce sont
là les quatre routes par lesquelles l'esprit humain
chemine aujourd'hui pour reconquérir les hau-
teurs sublimes où il s'était cru porté et qu'il a
perdues. Ces voies mènent toutes sur la même
cime, mais à des points de vue différents. Celle
où Carlyle a marché, étant la plus lointaine, l'a
conduit vers la perspective la plus étrange. Je
le laisserai parler lui-même; il va dire au lecteur ce qu'il a vu.

§ III.

SA PHILOSOPHIE, SA MORALE
ET SA CRITIQUE

« Ceci n'est pas une métaphysique, ou quel-
» que autre science abstraite ayant son origine
» dans la tête seule, mais une philosophie de la
» vie, ayant son origine aussi dans le cœur, et
» parlant au cœur (1). » Carlyle a conté, sous le

--(1) « However it may be with Metaphysics, and other
abstract science originating in the head (*Verstand*) alone,
no Life-Philosophy (*Lebensphilosophie*), such as this of
Clothes pretends to be, which originates equally in the
Character (*Gemüth*), and equally speaks thereto, can
attain its significance till the Character itself is known and
seen. »

nom de Teufelsdrockh, toute la suite des émotions qui y conduisent. Ce sont celles d'un puritain moderne ; ce sont les doutes, les désespoirs,
les combats intérieurs, les exaltations et les dé-
chirements par lesquels les anciens puritains
arrivaient à la foi : c'est leur foi sous d'autres
formes. Chez lui comme chez eux, l'homme
spirituel et inférieur se dégage de l'homme extérieur et charnel, démêle le devoir à travers les
sollicitations du plaisir, découvre Dieu à travers les apparences de la nature, et au delà du
monde et des instincts sensibles aperçoit un
monde et un instinct surnaturels.

Le propre de Carlyle, comme de tout mystique, c'est de voir en toute chose un double
sens. Pour lui, les textes et les objets sont capables de deux interprétations : l'une grossière,
ouverte à tous, bonne pour la vie usuelle ;
l'autre sublime, ouverte à quelques-uns, propre
à la vie supérieure. « Aux yeux de la vulgaire
» logique, dit Carlyle, qu'est-ce que l'homme ?
» Un bipède omnivore qui porte des culottes. Aux
» yeux de la pure raison, qu'est-il ? Une âme, un
» esprit, une divine apparition. » — « Il y a un
» moi mystérieux caché sous ce vêtement de

» chair. Profond est son ensevelissement sous ce
» vêtement étrange, parmi les sons, les couleurs
» et les formes, qui sont ses langes et son lin-
» ceul. Et pourtant ce vêtement est tissé dans le
» ciel et digne de Dieu (1). » — «Car la matière
» est esprit, manifestation de l'esprit. La chose
» visible, bien plus la chose imaginée, la chose
» conçue, de quelque façon que ce soit, comme
» visible, qu'est-elle, sinon un habit, le vêtement
» de quelque chose de supérieur et d'invisible,
» d'inimaginable et sans forme, obscurci par l'ex-
» cès même de son éclat (2)…. Toutes les choses
» visibles sont des emblèmes: ce que tu vois n'est

(1) *Sartor*, 75, 76, 83, 259.
(2) « For Matter, were it never so despicable, is Spirit,
the manifestation of Spirit : were it never so honourable,
can it be more? The thing visible, nay the thing imagined,
the thing in any way conceived as visible, what is it but a
garment, a clothing of the higher, celestial invisible « un-
imaginable, formless, dark with excess of bright ? »
    « All visible things are emblems ; what thou seest is not
» there on its own account ; strictly taken, is not there at
» all : Matter exists only spiritually, and to represent some
» Idea, and *body* it forth. »

» pas là pour son propre compte. A proprement
» parler, il n'y a rien là. La matière n'existe que
» spirituellement, pour présenter quelque idée
» et l'incarner extérieurement. Est-ce que l'ima-
» gination n'est pas obligée de tisser des vête-
» ments, des corps visibles par lesquels les inspi-
» rations et les créations invisibles de notre raison
» sont révélées comme le seraient des esprits, et
» deviennent toutes-puissantes ? » Le langage, la
poésie, les arts, l'Église, l'État ne sont que des
symboles. « Ainsi, c'est par des symboles (1) que
» l'homme est guidé et commandé, heureux ou
» misérable ; il se trouve de toutes parts enveloppé
» de symboles reconnus comme tels ou non recon-
» nus. Tout ce qu'il a fait n'est-il pas symbolique ?
» sa vie n'est-elle pas une révélation sensible du
» don de Dieu, de la force mystique qui est en

(1) « In the Symbol proper, what we can call a Symbol,
» there is ever, more or less distinctly and directly, some
» embodiment and revelation of the Infinite ; the Infinite is
» made to blend itself with the Finite, to stand visible, and
» as it were, attainable there. By Symbols, accordingly,

» lui ? » Montons plus haut encore, et regardons le temps et l'espace, ces deux abîmes que rien ne semble pouvoir combler ni détruire, et sur lesquels flottent notre vie et notre univers. « Ils ne sont que les formes de notre pensée... Il » n'y a ni temps ni espace, ce ne sont que de gran-» des apparences », enveloppes de notre pensée et de notre monde (1). Notre racine est dans l'éternité; nous avons l'air de naître et de mourir, mais véritablement *nous sommes*.

» is man guided and commanded, made happy, made
» wretched. He everywhere finds himself encompassed with
» Symbols, recognised as such or not recognised : the
» Universe is but one vast Symbol of God ; nay, if thou
» wilt have it, what is man himself but a Symbol of God? Is
» not all that he does symbolical; a revelation to Sense of
» the mystic god-given Force that is in him? »

(1) « But deepest of all illusory Appearances, for hiding
» Wonder, as for many other ends, are your two grand
» fundamental world-enveloping Appearances, SPACE and
» TIME. These, as spun and woven for us from before
» Birth itself, to clothe our celestial ME for dwelling here,
» and yet to blind it, — lie all-embracing, as the universal
» canvass, or warp and woof, whereby all minor Illusions,
» in this Phantasm Existence, weave and paint themselves. »

« Sache bien que les ombres du temps ont
» seules péri et sont seules périssables, que la
» substance réelle de tout ce qui fut et de tout ce
» qui est existe en ce moment même et pour
» toujours. » Tels que nous voilà, avec notre
chair et nos sens, nous nous croyons solides ;
mais tout cet être extérieur n'est qu'un fantôme.

« Ces membres (1), cette force tempêtueuse,
» ce sang vivant avec ses passions ardentes, ce
» ne sont que poussière et ombres, un système
» d'ombres rassemblées autour de notre moi.
» Nous y glapissons, nous piaulons dans nos dis-
» putes et nos aigres récriminations de hiboux
» criards ; nous passons sinistres, et faibles, et
» craintifs, ou bien nous hurlons et nous nous dé-
» menons dans notre folle danse des morts, jus-
» qu'à ce que l'odeur de l'air du matin nous rap-
» pelle à notre demeure silencieuse et que la
» nuit pleine de songes s'éveille et devienne le
» jour (2). »

(1) *Sartor*, 313, 412.
(2) « O Heaven, it is mysterious, it is awful to consider

Qu'y a-t-il donc au-dessous de toutes ces vaines apparences? Quel est cet être immobile dont la nature n'est que « la robe changeante et vivante » ? Nul ne le sait; si le cœur le devine, l'esprit ne l'aperçoit pas. « La création s'étale » devant nous comme un glorieux arc-en-ciel ; » mais le soleil qui le fait reste derrière nous, » hors de notre vue (1). » Nous n'en avons que le sentiment, nous n'en avons point l'idée. Nous

» that we not only carry each a future Ghost within him; » but are, in very deed, Ghosts! These Limbs, whence had » we them; this stormy Force; this life-blood with its burn- » ing Passion? They are dust and shadow; a shadow- » system gathered round our ME; wherein, through some » moments or years, the Divine Essence is to be revealed in » the flesh.

» And again, do we not squeak and gibber (in our dis- » cordant, screech-owlish debatings and recriminatings); » and glide bodeful, and feeble, and fearful; or uproar » (poltern), and revel in our mad dance of the Dead, — » till the scent of the morning-air summons us to our still » home; and dreamy night becomes awake and day? »

(1) « Creation, says one, lies before us like a glorious » rainbow; but the sun that made it lies behind us, hidden » from us. »

sentons que cet univers est beau et terrible;
mais « son essence restera toujours sans nom (1). »
Nous n'avons qu'à tomber à genoux devant cette
face voilée ; la stupeur et l'adoration sont notre
véritable attitude. « La science sans vénération
» est stérile, peut-être vénéneuse. L'homme qui
» ne peut pas vénérer, qui ne sait pas habituelle-
» ment vénérer et adorer, quand il serait le prési-
» dent de cent Sociétés royales et quand il porterait
» dans sa seule tête toute la Mécanique céleste et
» toute la philosophie de Hegel, et l'abrégé de tous
» les laboratoires et de tous les observatoires avec
» leurs résultats, —n'est qu'une paire de lunettes
» derrière laquelle il n'y a point d'yeux (2). Vos

(1) *Past and Present*, 76. — *Sartor*, 78, 304, 314.

(2) « The man who cannot wonder, who does not habi-
» tually wonder (and worship), were he president of innu-
» merable Royal Societies, and carried the whole *Mécanique*
» *Céleste* and *Hegel's Philosophy*, and the epitome of all
» laboratories and observatories with their results, in his
» single head, — is but a pair of spectacles behind which
» there is no eye. Let those who have eyes look through
» him, then he may be useful.

» Thou wilt have no Mystery and Mysticism ; wilt walk

» Instituts, vos Académies des sciences luttent
» bravement, et, parmi les myriades d'hiérogly-
» phes inextricablement entassés et entrelacés,
» recueillent par des combinaisons adroites quel-
» ques lettres en écriture vulgaire qu'ils mettent
» ensemble pour en former une ou deux recettes
» économiques fort utiles dans la pratique (1). »

» through thy world by the sunshine of what thou calles
» Truth, or even by the Hand-lamp of what I call Attorney-
» Logic ; and « explain » all, « account » for all, or believe
» nothing of it ? Nay, thou wilt attempt laughter ; who so
» recognises the unfathomable, all-pervading domain of
» Mystery, which is everywhere under over feet and
» among our hands ; to whom the Universe is an oracle and
» temple, as well as a kitchen and cattle-stall, — he shalt
» be a delirious Mystic ; to him thou, with sniffing charity,
» wilt protusively proffer thy Hand-lamp, and shriek, as one
» injured, when he kicks his foot through it ? »
    « We speak of the volume of Nature : and truly a vo-
» lume it is, — whose author and writer is God. To
» read it ! Dost thou, does man, so much as well know the
» Alphabet thereof ? With its words, sentences, and grand
» descriptive pages, poetical and philosophical, spread out
» through Solar systems, and thousands of years, we
» shall not try thee. It is a volume written in celestial
» hieroglyphs, in the true Sacred writing ; of which even

Croient-ils par hasard « que la nature n'est
» qu'un monceau de ces sortes de recettes, quel-
» que énorme livre de cuisine?» Ote les écailles
de tes yeux, et regarde. « Tu verras que ce su-
» blime univers, dans la moindre de ses provin-
» ces, est, à la lettre, la cité étoilée de Dieu; qu'à
» travers chaque étoile, à travers chaque brin de

» Prophets are happy that they can read here a line and
» there a line. As for your Institutes, and Academies of
» science, they strive bravely; and, from amid the thick-
» crowded, inextricably inter-wisted hieroglyphic writing,
» pick out, by dexterous combination, some letters in the
» vulgar character, and therefrom put together this and the
» other economic recipe, of high avail in practice. That
» Nature is more than some boundless volume of such re-
» cipes, or huge, well-nigh inexhaustible domestic cookery-
» book, of which the whole secret will in this manner one
» day evolve itself, the fewest dream.
» And what is that Science, which the scientific head
» alone, were it screwed off, and (like the Doctor's in the
» Arabian tale) set in a basin, to keep it alive, could prose-
» cute without shadow of a heart, — but one other of the
» mechanical and menial handicrafts, for which the Scien-
» tific Head (having a soul in it) is too noble an organ? I
» mean that Thought without reverence is barren, perhaps
» poisonous. »

» gazon, surtout à travers chaque âme vivante
» rayonne la gloire d'un Dieu présent. — Géné-
» ration après génération, l'humanité prend la
» forme d'un corps, et, s'élançant de la nuit
» cimmérienne, apparaît avec une mission du
» ciel.

» Puis l'envoyé céleste est rappelé; son vête-
» ment de terre tombe, et bientôt devient pour
» les sens eux-mêmes une ombre évanouie.
» Ainsi, comme une artillerie céleste pleine de
» foudroiements et de flammes, cette mysté-
» rieuse humanité tonne et flamboie, en files
» grandioses, en successions rapides, à travers
» l'abîme inconnu.

» Ainsi, comme une armée d'esprits en-
» flammés, créés par Dieu, nous sortons du vide,
» nous nous hâtons orageusement à travers la
» terre, puis nous nous replongeons dans le
» vide.

» Mais d'où venons-nous? ô Dieu, où allons-
» nous? Les sens ne répondent pas, la foi ne
» répond pas; seulement nous savons que c'est

d'un mystère à un autre mystère, et de Dieu à Dieu (1). »

(1) « Generation after generation takes to itself the form
» of a Body ; and forth-issuing from Cimmerian night, on
» Heaven's mission APPEARS. What Force and Fire is in
» each he expends : one grinding in the mill of Industry ;
» one-hunter like climbing the giddy Alpine heights of
» Science ; one madly dashed in pieces on the rocks of
» Strife, in war with his fellow : — and then the Heaven-
» sent is recalled ; his earthly vesture falls away, and soon
» even to Sense becomes a vanished Shadow. Thus, like
» some wild-flaming, wild-thundering train of Heaven's
» artillery, does this mysterious MANKIND thunder and
» flame, in long drawn, quick-succeeding grandeur,
» through the unknown. Deep-Thus, like a God-created,
» fire-breathing Spirit-host, we emerge from the Inane ;
» haste stormfully across the astonished Earth, then
» plunge again into the Inane.

    » But whence? — O Heaven, whither? Sense knows
» not ; Faith knows not ; only that it is through mystery to
» mystery, from God and to God. »

II

Cette véhémente poésie religieuse, toute remplie des souvenirs de Milton et de Shakspeare, n'est qu'une *transcription* anglaise des idées allemandes. Il y a une règle fixe pour *transposer*, c'est-à-dire pour convertir les unes dans les autres les idées d'un positiviste, d'un panthéiste, d'un spiritualiste, d'un mystique, d'un poëte, d'une tête à images et d'une tête à formules. On peut marquer tous les pas qui conduisent la simple conception philosophique à l'état extrême et violent. Prenez le monde tel que le montrent les sciences : c'est un groupe régulier,

ou, si vous voulez, une série qui a sa loi, selon
elles, rien davantage..Comme de la loi on déduit
la série, vous pouvez dire qu'elle l'engendre et
considérer cette loi comme une force. Si vous
êtes artiste, vous saisirez d'ensemble la force,
la série des effets et la belle façon régulière dont
la force produit la série; à mon gré, cette représentation sympathique est, de toutes, la plus
exacte et la plus complète; la connaissance est
bornée tant qu'elle ne s'avance pas jusque-là,
et la connaissance est achevée quand elle est
arrivée là. Mais au delà commencent les fantômes
que l'esprit crée, et par lesquels il se dupe lui-
même. Si vous avez un peu d'imagination, vous
ferez de cette force un être distinct, situé hors
des prises de l'expérience, spirituel, principe et
substance des choses sensibles. Voilà un être
métaphysique. Ajoutez un degré à votre imagination et à votre enthousiasme, vous direz
que cet esprit, situé hors du temps et de l'espace, se manifeste par le temps et par l'espace,
qu'il subsiste en toute chose, qu'il anime toute

chose, que nous avons en lui le mouvement, l'être et la vie. Poussez jusqu'au bout dans la vision et l'extase, vous déclarerez que ce principe est seul réel, que le reste n'est qu'apparence; dès lors vous voilà privé de tous les moyens de le définir; vous n'en pouvez rien affirmer, sinon qu'il est la source des choses et qu'on ne peut rien affirmer de lui ; vous le considérez comme un abîme grandiose et insondable; vous cherchez, pour arriver à lui, une voie autre que les idées claires; vous préconisez le sentiment, l'exaltation. Si vous avez le tempérament triste, vous le cherchez, comme les sectaires, douloureusement, parmi les prosternements et les angoisses. Par cette échelle de transformations, l'idée générale devient un être poétique, puis un être philosophique, puis un être mystique, et la métaphysique allemande, concentrée et échauffée, se trouve changée en puritanisme anglais.

III

Ce qui distingue ce mysticisme des autres,
c'est qu'il est pratique. Le puritain s'inquiète
non-seulement de ce qu'il doit croire, mais encore de ce qu'il doit faire; il veut une réponse
à ses doutes, mais surtout une règle à sa conduite; il est tourmenté par le sentiment de son
ignorance, mais aussi par l'horreur de ses vices;
il cherche Dieu, mais en même temps le devoir.
A ses yeux, les deux n'en font qu'un; le sens
moral est le promoteur et le guide de la philosophie. « Est-ce qu'il n'y a pas de Dieu, ou tout
» au plus un Dieu en voyage, oisif, qui reste assis

» depuis le premier sabbath à la porte de son
» univers et le regarde aller ? Est-ce que le mot
» devoir n'a pas de sens ? Faut-il dire que ce que
» nous appelons devoir n'est point un messager
» divin et un guide, mais un fantôme terrestre et
» trompeur fabriqué avec le désir et la crainte,
» avec les émanations de la potence et le lit céleste
» du docteur Graham ? — Le bonheur d'une con-
» science satisfaite ? Est-ce que Paul de Tarse,
» que l'admiration des hommes a déclaré saint, ne
» sentait pas qu'il était le premier des pécheurs ?
» Est-ce que Néron de Rome, l'esprit joyeux, ne
» passait pas le meilleur de son temps à jouer de
» la lyre ! Malheureux pileur de mots et décou-
» peur de motifs, qui, dans ton moulin logique,
» possèdes un mécanisme pour le divin lui-même
» et voudrais m'extraire la vertu des écorces du
» plaisir ; je te dis non (1) ! » Il y a en nous un

(1) « Is there no God, then; but at best an absentee
» God, sitting idle, ever since the first Sabbath, at the
» outside of his Universe, and seeing it go? Has the word
» Duty no meaning; is what we call Duty no divine mes-

instinct qui dit non. Nous découvrons en nous, « quelque chose de plus haut que l'amour du bonheur », l'amour du sacrifice. Voilà la partie divine de notre âme. Nous apercevons en elle et par elle le Dieu qui, autrement, nous resterait toujours caché. Nous perçons par elle dans un monde inconnu et sublime. Il y a un état extraordinaire de l'âme par lequel elle sort de l'égoïsme, renonce au plaisir, ne se soucie plus d'elle-même, adore la douleur, comprend la sainteté (1). Cet obscur *au delà* que les sens n'at-

---

» senger and guide, but a false earthly fantasm, made up
» of desire and fear, of emanations from the gallows and
» from Doctor Graham's celestial bed? Happiness of an
» approving conscience! Did not Paul of Tarsus, whom
» admiring men have since named Saint, feel that *he*
» was « the chief of sinners » ; and Nero of Rome, jocund
» in spirit (*wohlgemuth*), spend much of his time in fid-
» dling? Foolish word-monger and motive-grinder, who in
» thy logic-mill hast an earthly mechanism for the Godlike
» itself, and wouldst fain grind me out virtue from the
» husks of pleasure, — I tell thee, Nay ! »

(1) « Only this I know, if what thou namest Happiness be
» our true aim, then are we all astray. With stupidity and

teignent point, que la raison ne peut définir,
que l'imagination figure comme un roi et comme
une personne, c'est la sainteté, c'est le sublime.
Le héros y habite : « Il y vit (1) dans cette
sphère intérieure des choses, dans le vrai, dans
le divin, dans l'éternel qui existe toujours, invisible à la foule, sous le temporaire et le trivial; son être est là, sa vie est un fragment du
cœur immortel de la nature (2). » La vertu est
une révélation, l'héroïsme est une lumière, la
conscience une philosophie, et l'on exprimera

» sound digestion man may front much. But what, in these
» dull unimaginative days, are the terrors of Conscience to
» the diseases of the liver! Not on Morality, but on cookery
» let us build our stronghold : there brandishing our frying-
» pan, as censer, let us offer sweet incense to the Devil,
» and live at ease on the fat things which he has provided
» for his Elect ! »

(1) *On Heroes*, 244, 71.

(2) « The hero in he who lives in the inward sphere of
things, in the True, Divine, Eternal, which exists always,
unseen to most, under the Temporary, Trivial; his being
is in that... His life is a piece of the everlasting heart of
nature itself. » *(On Héroes*, 245.)

en abrégé ce mysticisme moral en disant que
Dieu, pour Carlyle, est un mystère dont le seul
nom est l'idéal.

IV

Cette faculté d'apercevoir dans les choses le sens intérieur, et cette disposition à rechercher dans les choses le sens moral, ont produit en lui toutes ses doctrines, et d'abord son christianisme. Ce christianisme est fort libre; Carlyle prend la religion à l'allemande, d'une façon symbolique. C'est pourquoi on l'appelle panthéiste : ce qui, en bon français moderne, signifie fou ou scélérat. Son ami Sterling lui envoie de longues dissertations pour le ramener au Dieu personnel. A chaque instant il blesse au vif les théologiens qui font de la cause primitive un architecte ou un administrateur. Il les choque encore bien mieux quand il entre dans le dogme; il considère le christianisme comme un mythe dont l'essence est « l'adoration de la douleur (7).

» Son temple, fondé il y a dix-huit siècles, gît en
» ruines maintenant, recouvert de végétations
» parasites, habité par des créatures plaintives.
» Avance pourtant : dans une crypte basse, qui a
» pour arche des fragments qui croulent, tu trou-
» veras encore l'autel et la lampe sacrée qui brûle
» éternellement (1). » Mais ses gardiens ne la con-
naissent plus. Une friperie de décorations officielles la cache aux regards des hommes. L'É-
glise protestante au dix-neuvième siècle, comme

_____

(1) « Knowest thou that « Worship of sorrow » ? The
» Temple thereof, founded some eighteen centuries ago,
» now lies in ruins, overgrown with jungle, the habitation
» of doleful creatures. Nevertheless, venture forward : in a
» low crypt, arched out of falling fragments, thou findest
» the altar still there, and its sacred lamp perennially
» burning. »

l'Église catholique au seizième siècle, a besoin
d'une réforme. Il nous faut un nouveau Luther.
« Car, dit-il dans son livre du *Tailleur*, l'Église
» est l'habit, le tissu spirituel et intérieur, qui
» administre la vie et la chaude circulation à tout
» le reste ; sans lui, le cadavre, et jusqu'à la pous-
» sière de la société, finiraient par s'évaporer et
» s'anéantir. Cependant, en notre âge du monde,
» ces habits ecclésiastiques se sont misérable-
» ment percés aux coudes. Bien pis, la plupart
» d'entre eux sont devenus de simples formes
» creuses, des masques sous lesquels nulle figure
» vivante, nul esprit n'habite encore ; où il n'y a
» plus que des araignées et de sales phalènes,
» horrible amas, qui de leurs pattes tracassent à
» leur métier. Et ce masque fixe encore sur
» vous ses yeux de verre, avec un lugubre simu-
» lacre de vie. Depuis une génération ou deux, la
» religion s'est retirée de lui, et, dans des coins
» que nul ne remarque, elle se tisse silencieuse-
» ment de nouveaux vêtements dans lesquels
» elle apparaîtra de nouveau pour nous rani-

mer, nous, nos fils, ou nos petits-fils (1)». —
Une fois le christianisme réduit au sentiment
de l'abnégation, les autres religions repren-
nent par contre-coup leur dignité et leur
importance. Elles sont, comme le christianisme,
des formes de religion universelle. « Elles ren-
» ferment toutes une vérité, autrement les hom-

(1) « For if Government is, so to speak, the outward
» SKIN of the Body Politic, holding the whole together and
» protecting it; and all your craft-guilds, and Associations
» for industry, of hand or of head, are the fleshy clothes,
» the muscular and osseous tissues (lying *under* such
» SKIN), whereby Society stands and works; — then is
» Religion the inmost pericardial and nervous tissue which
» ministers life and warm circulation to the whole.

» Meanwhile, in our era of the world, those same
» church-clothes have gone sorrowfully out at elbows :
» nay, far worse, many of them have become mere hollow
» shapes, or masks, under which no living Figure or Spirit
» any longer dwells; but only spiders and unclean beetles,
» in horrid accumulation, drive their trade; and the mask
» still glares on you with his glass-eyes, in ghastly affecta-
» tion of life, — some generation and half after Religion
» has quite withdrawn from it, and in unnoticed nooks is
» weaving for herself new vestures, wherewith to reappear,
» and bless us, or our sons and grandsons. »

» mes ne les auraient pas embrassées (1).» Elles ne
sont pas une imposture de charlatans ni un jeu
d'imagination poétiques. Elles sont une vue plus
ou moins trouble du mystère auguste et infini
qui est au fond de l'univers. « Le plus grossier
» païen qui adora l'étoile Canope ou la pierre
» noire de la Caaba y reconnaissait une beauté,
» un sens divin... Canope luisant sur le désert,
» avec son éclat de diamant bleuâtre (cet étrange
» éclat bleuâtre qui semble celui d'un esprit),
» perçait jusqu'au cœur du sauvage Ismaélite
» qu'elle guidait à travers le désert vide. Pour
» ce cœur sauvage, plein de toutes les émotions,

---

(1) *On Heroes*, 6, 191-92 ; 14, 217. —*Past and Present.*
« Canopus shining down over the desert, with it blue
diamond brightness (that wild blue spirit-like brightness far
brighter than we ever witness here) would pierce into the
heart of the wild Ishmaelitish man, whom it was guiding
through that solitary waste there. To his wild heart, with
all feelings in it, with no *speech* for any feeling, it might
seem a little eye, that Canopus, glancing out on him from
the great deep Eternity, revealing the inner splendour to
him. »   -   (*On Heroes*, 14.)

» sans langage pour aucune émotion, elle pouvait
» sembler un petit œil, cette étoile Canope, qui
» le regardait du plus profond de l'éternité et lui
» révélait la splendeur intérieure. » Le culte du
grand Lama, le papisme lui-même, interprètent
à leur·façon le sentiment du divin ; c'est pourquoi le papisme lui – même est respectable ;
« qu'il dure aussi longtemps qu'il pourra » (ceci
est bien hardi en Angleterre), « aussi longtemps
qu'il pourra guider une vie pieuse. » On l'appelle idolâtrie, peu importe. Qu'est-ce qu'une
idole, sinon un symbole, une chose vue ou imaginée qui représente le divin? « Toutes les re-
» ligions sont des symboles. Le plus rigoureux
» puritain a sa confession de foi, sa représenta-
» tion intellectuelle des choses divines. Toutes
» les croyances, les liturgies, les formes religieu-
» ses, les conceptions dont se revêt le sentiment
» religieux, sont en ce sens des *idoles*, des choses
» vues. Tout culte doit s'accomplir par des sym-
» boles, des idoles; nous pouvons dire que toute
» idolâtrie est comparative, et que la pire idolâ-

» trie n'est qu'une idolâtrie plus grande. » La seule qui soit détestable est celle d'où le sentiment s'est retiré, qui ne consiste qu'en cérémonies apprises, en répétition machinale de prières, en profession décente de formules qu'on n'entend pas. La vénération profonde d'un moine du douzième siècle prosterné devant les reliques de saint Edmond valait mieux que la piété de convenance et la froide religion philosophique d'un protestant d'aujourd'hui. Quel que soit le culte, c'est le sentiment qui lui communique toute sa vertu. Et ce sentiment est le sentiment moral. « La seule fin (1), la seule essence, le » seul usage de toute religion passée, présente ou » avenir, est de garder vivante et ardente notre ». conscience morale, qui est notre lumière inté- » rieure. Toute religion est venue ici pour nous » rappeler plus ou moins bien ce que nous sa- » vons déjà plus ou moins bien, à savoir qu'il y » a une différence absolument *infinie* entre un

(1) *Past and Present*, 305, 270,

» homme de bien et un homme méchant, pour
» nous ordonner d'aimer l'un infiniment, d'ab-
» horrer et d'éviter l'autre indéfiniment, de nous
» efforcer indéfiniment d'être l'un et de n'être
» point l'autre (1). » — «Toute religion qui n'a-
» boutit pas à l'action, au travail, peut s'en aller
» et habiter parmi les brahmanes, les antino-
» miens, les derviches tourneurs, partout où elle
» voudra; chez moi, elle n'a pas de place (2). »
Chez vous, fort bien, mais elle en trouve ailleurs.
Nous touchons ici le trait anglais et étroit de cette

(1) « The one end, essence and use of all religion past,
present, and to come, is this only : to keep the same moral
conscience or inner light of ours alive and shining... All
Religion was here to remind us better or worse of what we
already know better or worse of the quite *infinite* difference
there is between a good man and a bad ; to bid us love infinitely the one, abhor and avoid infinitely the other; strive
infinitely to *be* the one and not to be the other. « All religion
issues in due practical Hero-worship. »
(*Past and Present*, 305.)

(2)« All true work is Religion ; and whatsoever Religion is
not work may go and dwell among the Brahmins, Antino-
mians, spinning Dervishes, or where it will; with me it shall
have no harbour. »　　　(*Past and Present*, 270.)

conception allemande et si large. Il y a beaucoup de religions qui ne sont point morales, il
y en a beaucoup plus encore qui ne sont point
pratiques. Carlyle veut réduire le cœur de
l'homme au sentiment anglais du devoir, et
l'imagination de l'homme au sentiment anglais
du respect. La moitié de la poésie humaine
échappe à ses prises. Car si une portion de nous-
mêmes nous soulève jusqu'à l'abnégation et à la
vertu, une autre portion nous emmène vers la
jouissance et le plaisir. L'homme est païen
aussi bien que chrétien ; la nature a deux
faces ; plusieurs races, l'Inde, la Grèce, l'Italie
n'ont compris que la seconde, et n'ont eu pour
religions que l'adoration de la force dévergon-
dée et l'extase de l'imagination grandiose, ou
l'admiration de la forme harmonieuse et le
culte de la volupté, de la beauté et du bonheu

V

Sa critique des œuvres littéraires a la même
chaleur et la même violence, la même portée
et les mêmes limites, le même principe et les
mêmes conclusions que sa critique des œuvres
religieuses. Il y a introduit les grandes idées de
Hegel et de Gœthe, et les a resserrées sous la
discipline étroite du sentiment puritain (1). Il
considère le poëte, l'écrivain, l'artiste « comme
un interprète de l'idée divine qui est au fond de
toute apparence, comme un révélateur de l'infini », comme un représentant de son siècle,

(1) *Heroes*, 129, 245. — *Miscellanies*, passim.

de sa nation, de son âge; vous reconnaissez ici
toutes les formules germaniques. Elles signifient
que l'artiste démêle et exprime mieux que personne les traits saillants et durables du monde
qui l'entoure, en sorte qu'on peut extraire de
son œuvre une théorie de l'homme et de la
nature, en même temps qu'une peinture de
sa race et de son temps. Cette découverte a
renouvelé la critique. Carlyle lui doit ses plus
belles vues, ses leçons sur Shakspeare et sur
Dante, ses études sur Gœthe, sur Johnson, sur
Burns et sur Rousseau. Là-dessus et par un en-
traînement naturel, il est devenu le héraut de
la littérature allemande; il s'est fait l'apôtre de
Gœthe, il l'a loué avec une ferveur de néophyte
jusqu'à manquer à son endroit d'adresse et de
clairvoyance; il l'appelle héros, il présente sa
vie comme un exemple à tous les gens de notre
siècle; il ne veut point voir son paganisme, si visible, mais si contrariant pour un puritain. Par un
autre contre-coup des mêmes causes, il a fait de
Jean-Paul, le bouffon affecté, l'humoriste extra-

vagant, « un géant », une sorte de prophète ; il a
comblé d'éloges Novalis et les rêveurs mystiques ;
il a mis le démocrate Burns au-dessus de Byron ;
il a exalté Johnson, ce brave pédant, le plus grotesque des taureaux littéraires. Son principe est
que dans une œuvre d'esprit la forme est peu
de chose, le fond seul est important. Sitôt
qu'un homme a un sentiment profond, une-
conviction forte, son livre est beau. Un écrit,
quel qu'il soit, ne fait que manifester une âme ;
si cette âme est sérieuse, si elle est intimement
et habituellement ébranlée par les graves pensées qui doivent préoccuper une âme, si elle
aime le bien, si elle est dévouée, si elle s'at-
tache de tous ses efforts, sans arrière-pensée
d'intérêt ou d'amour-propre, à publier la vérité qui la frappe, elle a touché le but : nous
n'avons que faire du talent ; nous n'avons pas
besoin d'être flattés par de belles formes ;
notre unique objet est de nous trouver face à
face avec le sublime ; toute la destinée de
l'homme est de sentir l'héroïsme ; la poésie et

les arts n'ont pas d'autre emploi ni d'autre mé-
rite. Vous voyez à quel degré et avec quel excès
Carlyle a le sentiment germanique, pourquoi il
aime les mystiques, les humoristes, les prophètes, les écrivains illettrés et hommes d'action, les poëtes primesautiers, tous ceux qui
violentent la beauté régulière par ignorance,
par brutalité, par folie ou de parti pris. Il va
jusqu'à excuser la rhétorique de Johnson, parce
que Johnson fut loyal et sincère ; il ne distingue
pas en lui l'homme littéraire de l'homme pratique ; il cesse de voir le déclamateur classique,
étrange composé de Scaliger, de Boileau, et de
La Harpe, enharnaché majestueusement dans
sa défroque cicéronienne, pour ne regarder
que l'homme religieux et convaincu. Une pareille habitude bouche les yeux sur la moitié
des choses. Carlyle parle avec une indifférence
méprisante (1) du dilettantisme moderne, semble mépriser les peintres, n'admet pas la beauté

_____

(1) *Life of Sterling.*

sensible. Tout entier aux écrivains, il néglige les artistes ; en effet, la source des arts est le sentiment de la forme, et les plus grands artistes, les Italiens, les Grecs, n'ont connu, comme leurs prêtres et leurs poëtes, que la beauté de la volupté et de la force. De là vient encore qu'il n'a point de goût pour la littérature française. Cet ordre exact, ces belles proportions, ce perpétuel souci de l'agréable et du convenable, cette architecture harmonieuse d'idées claires et suivies, cette peinture délicate de la société, cette perfection du style, rien de ce qui nous touche n'a de prise sur lui. Sa façon d'entendre la vie est trop éloignée de la nôtre. Il a beau essayer de comprendre Voltaire, il n'arrive qu'à le diffamer (1). « Il n'y a pas une » seule grande pensée dans ses trente-six in- » quartos... Son regard s'arrête à la superficie » de la nature ; le grand Tout, avec sa beauté et » sa mystérieuse grandeur infinie, ne lui a jamais

(1) *Miscellanies*, 11, 121, 148.

» été révélé, même un seul instant ; il a regardé
» et noté seulement tel atome, et puis tel autre,
» leurs différences et leurs oppositions (1)... Sa
» théorie du monde, sa peinture de l'homme et
» de la vie de l'homme est mesquine, pitoyable
» même pour un poëte et un philosophe. Il lit
» l'histoire, non pas avec les yeux d'un voyant
» pieux ou même d'un critique, mais avec une
» simple paire de lunettes anticatholiques. Elle
» n'est point pour lui un drame grandiose joué

(1) « We find no heroism of character in him, from first to
last ; nay, there is not, that we know of, one great thought
in all his six and thirty quarto... He sees but a little way
into Nature ; the mighty All in it beauty and infinite mysterious grandeur, humbling the small *me* into nothingness,
has never even for moments been revealed to him ; only
this and that other atom of it, and the differences and dis-
crepancies of these two, has he looked into and noted down.
His theory of the world, his picture of man and man's life
is little ; for a poet and philosopher even pitiful. « The
Divine Idea that which lies at the bottom of appearance »
was never more invisible to any man. He reads history not
with the eyes of a devout seer or even of a critic, but through
a pair of mere anticatholic spectacles. It is not a mighty

» sur le théâtre de l'infini, avec les soleils pour
» lampes et l'éternité pour fond......mais un
» pauvre club de disputes fatigantes tissées à tra-
» vers dix siècles entre l'Encyclopédie et la Sor-
» bonne. L'univers de Dieu est un patrimoine de
» saint Pierre un peu plus grand que l'autre,
» duquel il est agréable et bon de chasser le
» pape... La haute louange d'avoir poursuivi un
» but juste ou noble ne peut lui être accordée
» sans beaucoup de réserves, et peut même, avec

drama enacted on the theater of Infinitude, with suns for
lamps and Eternity as back-ground... but a poor weari-
some debating-club dispute, spun through ten centuries,
between the *Encyclopédie* and the *Sorbonne*... God's Universe is a larger patrimony of Saint Peter, from where it
were pleasant and well to hunt the Pope... The still higher
praise of having had a right or noble aim cannot be con-
ceded to him without many limitations, and may plausibly
enough, be altogether denied... The force necessary for him
was no wise a great and noble one; but a small, in some
respects a mean one, to be nimbly and seasonably put into
use. The Ephesian temple which it had employed many wise
heads and strong arms, for a life-time, to build, could be
un-built by one madman, in a single hour. »

» assez d'apparence, lui être refusée. La force
» qui lui était nécessaire n'était ni noble ni
» grande, mais petite et à quelques égards de
» basse espèce. Seulement il en fait usage avec
» dextérité et à propos. Pour bâtir le temple
» d'Ephèse, il avait fallu le travail de bien des
» têtes sages et de bien des bras robustes, pen-
» dant des vies entières ; et ce même temple a
» pu être détruit par un fou en une heure. »
Voilà d'assez gros mots ; nous n'en emploierons
pas de pareils. Je dirai seulement que si quelqu'un jugeait Carlyle en Français, comme il
juge Voltaire en Anglais, ce quelqu'un ferait
de Carlyle un portrait différent de celui que
j'essaye de tracer ici.

VI

Ce commerce de dénigrements était en vi-
gueur il y a cinquante ans ; dans cinquante ans,
il est probable qu'il aura cessé tout à fait. Nous
commençons à comprendre le sérieux des puritains ; peut-être les Anglais finiront-ils par
comprendre la gaieté de Voltaire ; nous travail-
lons à goûter Shakspeare, ils essayeront sans
doute de goûter Racine. Gœthe, le maître de
tous les esprits modernes, a bien su goûter tous
les deux (1). Il faut que le critique à son âme
naturelle et nationale ajoute cinq ou six âmes
artificielles et acquises, et que sa sympathie

(1) Voyez ce double éloge dans Wilhelm Meister.

ffexible l'introduise en des sentiments éteints ou étrangers. Le meilleur fruit de la critique est de nous déprendre de nous-mêmes, de nous contraindre à faire la part du milieu où nous vivons plongés, de nous enseigner à démêler les objets eux-mêmes à travers les apparences passagères dont notre caractère et notre siècle ne manquent jamais de les revêtir. Chacun les regarde avec des lunettes de portée et de couleur diverses, et nul ne peut atteindre la vérité qu'en tenant compte de la forme et de la teinte que la structure de ses verres impose aux objets qu'il aperçoit. Jusqu'ici nous nous sommes disputés et battus, l'un disant que les choses sont vertes, d'autres qu'elles sont jaunes, d'autres enfin qu'elles sont rouges, chacun accusant son voisin de mal voir et d'être de mauvaise foi. Voici enfin que nous apprenons l'optique morale ; nous découvrons que la couleur n'est point dans les objets, mais en nous-mêmes ; nous pardonnons à nos voisins de voir autrement que nous; nous reconnaissons qu'ils doivent voir rouge ce qui

nous paraît bleu, vert ce qui nous paraît jaune ;
nous pouvons même définir l'espèce de lunettes
qui produit le jaune et l'espèce de lunettes qui
produit le vert, deviner leurs effets d'après leur
nature, prédire aux gens la teinte sous laquelle
leur apparaîtra l'objet qu'on va leur présenter,
construire d'avance le système de tout esprit, et
peut-être un jour nous dégager de tout système.
«Comme poëte disait Gœthe, je suis polythéiste;
comme naturaliste, panthéiste ; comme être moral, déiste ; et j'ai besoin, pour exprimer mon
sentiment, de toutes ces formes. » En effet, toutes ces lunettes sont bonnes, car elles nous montrent toutes quelque aspect nouveau des choses.
Le point important, c'est d'en avoir non pas
une, mais plusieurs, d'employer chacune
d'elles au moment convenable, de faire abstraction de la couleur qui lui est particulière,
de savoir que derrière ces milliers de teintes
mouvantes et poétiques l'optique ne constate
que des changements régis par une loi.

§ IV.

SA CONCEPTION DE L'HISTOIRE

I

« L'histoire universelle (1), dit Carlyle, l'his-
» toire de ce que l'homme a accompli dans le
» monde, est au fond l'histoire des grands
» hommes qui ont travaillé ici-bas. Ils ont été
» les conducteurs des peuples, ces grands
» hommes; les formateurs, les modèles, et, dans
» un sens large, les créateurs de tout ce que la
» masse des hommes pris ensemble est parvenue
» à faire ou à atteindre. Toutes les choses que
» nous voyons debout dans le monde sont pro-

(1) *On Heroes*, I, 71.

» prement le résultat matériel extérieur, l'ac-
» complissement pratique et l'incarnation des
» pensées qui ont habité dans-les grands hommes
» envoyés au monde. L'âme de l'histoire entière
» du monde, ce serait leur histoire (1). » Quels
qu'ils soient, poëtes, réformateurs, écrivains,
hommes d'action, révélateurs, il leur donne à
tous un caractère mystique. « Le héros est un
» messager envoyé du fond du mystérieux Infini
» avec des nouvelles pour nous.... Il vient de
» la substance intérieure des choses. Il y vit et
» il doit y vivre en communion quotidienne....
» Il vient du cœur du monde, de la réalité pri-

(1) « Universal history, the history of what man has accomplished in this world is at bottom the history of the great
men who have worked here. They were the leaders of men,
these great ones; the modellers, patterns, and in a wide
sense creators, of whatsoever the general mass of men con-
trived to do or to attain; all things that we see standing
accomplished in the world are properly the outer material
result, the practical realisation and embodiment of thoughts
that dwelt in the great men sent into the world; the soul
of the whole world's history, it may be justly considered
were the history of these. »   (*On Heroes*, 1.)

» mordiale des choses; l'inspiration du Tout-
» Puissant lui donne l'intelligence, et vérita=
» blement ce qu'il prononce est une sorte de
» révélation (1). » En vain l'ignorance de son
siècle et ses propres imperfections altèrent la
pureté de sa vision originale; il atteint toujours
quelque vérité immuable et vivifiante; c'est
pour cette vérité qu'il est écouté, et c'est par
cette vérité qu'il est puissant. Ce qu'il en a
découvert est immortel et efficace (2). « Les
» œuvres d'un homme, quand vous les enseve-
» liriez dans des montagnes de guano, sous les
» obscènes ordures de tous les hibous anti-
» quaires, ne périssent pas, ne peuvent pas

---

(1) « Such a man is what we call an *original* man; he comes
to us at first hand. A messenger he, sent from the infinite
unknown with tidings to us... Direct from the inner fact of
things. — He lives and has to live in daily communion
with that. Hearsays cannot hide it from him; he is blind,
homeless, miserable following hearsays; *it* glares upon
him... It is from the heart of the world that he comes. He
is portion of the primal reality of things.» (*On Heroes*, 71.)

(2) *Cromwell's Speeches and letters*, II, 668.

» périr. Ce qu'il y avait d'héroïsme, ce qu'il y
» avait de lumière éternelle dans un homme et
» dans sa vie, cela précisément est ajouté aux
» éternités, cela subsiste pour toujours comme
» une nouvelle et divine portion de la somme des
» choses (1). » C'est pour cela que le culte des
héros « est à cette heure et à toutes les heures
» la puissance vivifiante de la vie humaine ; la
» religion est fondée dessus ; toute société s'y
» appuie. Car qu'est-ce proprement que la
» loyauté (2), qui est le souffle vital de toute
» société, sinon une émanation du culte des
» héros, une admiration soumise pour ceux qui
» sont vraiment grands ? » Ce sentiment est le

---

(1) « The works of a man, bury them under what guáno-
mountains and obscene owl-droppings you will, do not
perish, cannot perish. What of heroism, what of Eternal
light was in a man and his life, is with very great exactness
added to the Eternities, remains for ever a new divine portion of the sum of things. »

(*Cromwell's Letters*, dernier chapitre.)

(2) *Loyalty*, mot intraduisible, qui désigne le sentiment
de subordination, quand il est noble.

fonds même de l'homme. Il subsiste aujour-
d'hui même dans cet âge de nivellement et de
destruction. « Je vois dans cette indestructibilité
» du culte de l'héroïsme la base de roc éternel
» au-dessous de laquelle les ruines confuses
» des écroulements révolutionnaires ne peuvent
» tomber. »

II

Il y a là une théorie allemande, mais trans-
formée, précisée et épaissie à la manière anglaise. Les Allemands disaient que toute nation,
toute période, toute civilisation a son *idée*, c'est-
à-dire son trait principal, duquel tous les autres
dérivent ; en sorte que la philosophie, la religion,
les arts et les mœurs, toutes les parties de la
pensée et de l'action, peuvent être déduites de
quelque qualité originelle et fondamentale de
laquelle tout part et à laquelle tout aboutit. Là
où Hégel mettait une idée, Carlyle met un sentiment héroïque. Cela est plus palpable et plus

moral. Pour achever de sortir du vague, il considère ce sentiment dans un héros. Il a besoin
de donner aux abstractions un corps et une
âme ; il est mal à son aise dans les conceptions
pures, et veut toucher un être réel.

Mais cet être, tel qu'il le conçoit, est un
abrégé du reste. Car, selon lui, le héros contient et représente la civilisation où il est compris; il a découvert, proclamé ou pratiqué une
conception originale, et son siècle l'y a suivi.
La connaissance d'un sentiment héroïque donne
ainsi la connaissance d'un âge tout entier. Par
là Carlyle est sorti des biographies. Il a retrouvé
les grandes vues de ses maîtres. Il a senti comme
eux qu'une civilisation, si vaste et si dispersée
qu'elle soit à travers le temps et l'espace, forme
un tout indivisible. Il a rassemblé sous un
héroïsme les fragments épars qu'Hegel réunis-
sait par une loi. Il a dérivé d'un sentiment
commun les événements que les Allemands
déduisaient d'une définition commune. Il a
compris les profondes et lointaines liaisons des

choses, celles qui rattachent un grand homme
à son temps, celles qui nouent les œuvres de la
pensée accomplie aux bégaiements de la pensée
naissante, celles qui enchaînent les savantes
inventions des Constitutions modernes aux fureurs désordonnées de la barbarie primitive (1).
« Ces vieux rois de la mer, silencieux, les lèvres
» serrées, qui défiaient le sauvage Océan avec
» ses monstres, et tous les hommes et toutes les
» choses, ont été les ancêtres de nos Blakes et

---

(1) « Silent, with closed lips, as I fancy them, uncons-
cious that they were specially brave, defying the wild Ocean
with its monsters and all men and things — progenitors of
our own Blakes and Nelsons. — Hrolf or Rollo, duke of
Normandy, the wild sea-king, has a share in governing
England at this hour.

» No wild saint Dominics and Thebaid eremites, there had
been no melodious Dante; rough practical endeavour, Scan-
dinavian and other, from Odin to Walter Raleigh, from ulfila
to Cranmer, enabled Shakspeare to speak. Nay the finished
poet, I remark sometimes, is a symptom that his epoch itself
has reached perfection and is finished; that before long
there will be a new epoch, new reformers needed. »

(*On Heroes*, 184.)

» de nos Nelsons. Hrolf ou Rollo, duc de Nor-
» mandie, a une part à cette heure-ci dans le
» gouvernement de l'Angleterre (1). » « S'il
» n'y avait pas eu de sauvages saints Dominiques
» ni d'ermites de la Thébaïde, il n'y aurait point
» eu un harmonieux Dante. Le rude effort pra-
» tique en Scandinavie et ailleurs, depuis Odin
» jusqu'à Walter Raleigh, depuis Ulfila jusqu'à
» Cranmer, a rendu Shakspeare capable de
» parler. Un poëte avec tout son charme,
» qu'est-il, sinon le produit et l'achèvement
» définitif de la Réforme ou de la Prophétie
» avec son âpreté ? Bien plus, le poëte accompli,
» je le remarque souvent, est un symptôme que
» son époque elle-même vient d'atteindre la
» perfection et se trouve accomplie, qu'avant
» longtemps on aura besoin d'une nouvelle
» époque et de nouveaux réformateurs. Car
» chaque âge a son théorème ou représentation
» spirituelle de l'univers » ; ses grandes œuvres

(1) *On Heroes*, 51, 184.

poétiques ou pratiques ne font que publier ou appliquer cette idée maîtresse; l'historien se sert d'elle pour retrouver le sentiment primitif qui les engendre et pour former la conception d'ensemble qui les unit.

III

De là une façon nouvelle d'écrire l'histoire.
Puisque le sentiment héroïque est la cause du
reste, c'est à lui que l'historien doit s'attacher.
Puisqu'il est la source de la civilisation, le moteur
des révolutions, le maître et le régénérateur de
la vie humaine, c'est en lui qu'il faut observer
la civilisation, les révolutions et la vie humaine.
Puisqu'il est le ressort de tout mouvement, c'est
par lui que l'on comprendra tout mouvement.
Libre aux métaphysiciens d'aligner des déduc-
tions et des formules, ou aux politiques d'exposer
des situations et des constitutions. L'homme

n'est point un être inerte façonné par une constitution ni un être mort exprimé par une formule ;
il est une âme active et vivante, capable d'agir,
de découvrir, de créer, de lutter, de se dévouer
et avant tout d'oser : la véritable histoire est
l'épopée de l'héroïsme. — Cette idée est, à mon
avis, une vive lumière. Car les hommes n'ont
pas fait de grandes choses sans de grandes émotions. Le premier et souverain moteur d'une
révolution extraordinaire est un sentiment
extraordinaire. A ce moment, on a vu paraître
et s'enfler une passion exaltée et toute-puissante
qui a rompu les digues anciennes et lancé le
courant des choses dans un nouveau lit. Tout
part de là, et c'est elle qu'il faut voir. Laissez
de côté les formules métaphysiques et les considérations politiques, et regardez l'état intérieur de chaque esprit; quittez le récit nu,
oubliez les explications abstraites, et observez
les âmes passionnées. Une révolution n'est que
la naissance d'un grand sentiment. Quel est ce
sentiment, comment il se lie aux autres, quel

est son degré, sa source, son effet, comment il
transforme l'imagination, l'entendement, les
inclinations ordinaires, quelles passions l'ali-
mentent, quelle proportion de folie et de raison
il renferme, ce sont là les questions capitales.
Pour me faire l'histoire du bouddhisme, il faut
me montrer le désespoir calme des ascètes qui,
amortis par la pensée du vide infini et par l'attente
de l'anéantissement final, atteignaient, dans leur
quiétude monotone, le sentiment de la fraternité
universelle. Pour me faire l'histoire du christianisme, il faut me montrer l'âme d'un saint Jean
ou d'un saint Paul, le renouvellement subit de
la conscience, la foi aux choses invisibles, la
transformation de l'âme pénétrée par la présence
d'un Dieu paternel, l'irruption de tendresse, de
générosité, d'abnégation, de confiance et d'espérance qui vint dégager les malheureux ense-
velis sous la tyrannie et la décadence romaine.
Expliquer une révolution, c'est faire un morceau
de psychologie; l'analyse des critiques et la
divination des artistes sont les seuls instruments

9.

qui puissent l'atteindre ; si nous voulions l'avoir précise et profonde, il faudrait la demander à ceux qui, par métier ou par génie, sont connaisseurs de l'âme, à Shakspeare, à Saint-Simon, à Balzac, à Stendahl. Voilà pourquoi on peut la demander quelquefois à Carlyle. Et il y a telle histoire qu'on peut lui demander mieux qu'à tout autre, celle de la Révolution qui eut pour source la conscience, qui mit Dieu dans les conseils d'État, qui imposa le devoir strict, qui provoqua l'héroïsme austère. Le meilleur historien du puritanisme est un puritain.

IV

Cette histoire de Cromwell, son chef-d'œuvre,
n'est qu'une réunion de lettres et de discours
commentés et joints par un récit continu. L'impression qu'elle laisse est extraordinaire. Les
graves histoires constitutionnelles languissent
auprès de cette compilation. Il a voulu faire
comprendre une âme, l'âme de Cromwell, le
plus grand des puritains, leur chef, leur abrégé,
leur héros et leur modèle. Son récit ressemble
à celui d'un témoin oculaire. Un covenantaire

qui aurait réuni des lettres, des morceaux de
journal, et qui jour par jour y aurait ajouté des
réflexions, des interprétations, des notes et des
anecdotes, n'aurait point écrit un autre livre.
Enfin nous voilà face à face avec Cromwell.
Nous avons ses paroles, nous pouvons entendre
son accent; nous saisissons autour de chaque
action les circonstances qui l'ont fait naître;
nous le voyons sous sa tente, au conseil, avec le
paysage, avec sa physionomie, avec son costume;
tout le détail y est, jusqu'aux minuties. Et la
sincérité est aussi grande que la sympathie; le
biographe avoue ses ignorances, le manque de
documents, l'incertitude; il est parfaitement
loyal, quoique poëte et sectaire. Avec lui nous
restreignons et nous poussons tout à la fois nos
conjectures, et nous sentons à chaque pas, à
travers nos affirmations et nos réserves, que
nous posons solidement le pied sur la vérité. Je
voudrais que toute histoire fût, comme celle-ci,
un choix de textes munis d'un commentaire;
je donnerais pour une histoire pareille tous les

raisonnements réguliers, toutes les belles narrations décolorées de Robertson et de Hume. Je puis vérifier en lisant celle-ci le jugement de l'auteur ; je ne pense plus d'après lui, mais par moi-même : l'historien ne se place pas entre moi et les choses ; je vois un fait, et non le récit d'un fait ; l'enveloppe oratoire et personnelle dont le récit recouvre la vérité a disparu ; je puis toucher la vérité elle-même. Et ce Cromwell, avec ses puritains, sort de cette épreuve reformé et renouvelé. Nous devinions bien déjà qu'il n'était point un simple ambitieux, un hypocrite, mais nous le prenions pour un fanatique disputeur et odieux. Nous considérions ces puritains comme des fous tristes, cerveaux étroits et à scrupules. Sortons de nos idées françaises et modernes, et entrons dans ces âmes ; nous y trouverons autre chose qu'une maladie noire. Il y a là un grand sentiment.—Suis-je un homme juste ? Et si Dieu, qui est la parfaite justice, me jugeait en ce moment, quelle sentence porterait-il sur moi ? — Voilà l'idée originelle qui

a fait les puritains, et par eux la révolution
d'Angleterre. « Le sentiment de la différence
» qu'il y a entre le bien et le mal avait rempli
» pour eux tout le temps et tout l'espace, et
» s'était incarné et exprimé pour eux par un
» ciel et un enfer. » Ils ont été frappés de l'idée
du devoir ; ils se sont examinés à cette lumière
sans pitié et sans relâche ; ils ont conçu le modèle sublime de la vertu infaillible et accomplie ;
ils s'en sont imbus ; ils ont englouti dans cette
pensée absorbante toutes les préoccupations
mondaines et toutes les inclinations sensibles ;
ils ont pris en horreur jusqu'aux fautes imper-
ceptibles qu'un honnête homme se pardonne ;
ils ont exigé d'eux-mêmes la perfection absolue
et continue, et ils se sont lancés dans la vie
avec la fixe résolution de tout souffrir et de
tout faire plutôt que d'en dévier d'un pas. Vous
vous moquez d'une révolution faite à propos
de surplis et de chasubles : il y avait le sentiment du divin sous ces disputes d'habits. Ces
pauvres gens, boutiquiers et fermiers, croyaient

de-tout leur cœur à un Dieu sublime et terrible, et ce n'était pas une petite chose pour eux que la façon de l'adorer (1). «Supposez qu'il s'agisse » pour vous d'un intérêt vital et infini, que » votre âme tout entière, rendue muette par » l'excès de son émotion, ne puisse en aucune » façon l'exprimer, en sorte qu'elle préfère » le silence à toute expression possible, que » diriez-vous d'un homme qui s'avancerait pour » l'exprimer à votre place au moyen d'une » mascarade et à la façon d'un tapissier déco- » rateur? — Cet homme-là, qu'il s'en aille » vite, s'il a soin de lui-même! — Vous avez » perdu votre fils unique; vous êtes muet, » écrasé, vous n'avez pas même de larmes; un » importun, avec toutes sortes d'importunités, » vous offre de célébrer pour lui des jeux funé- » raires à la façon des anciens Grecs! » Voilà ce qui a soulevé la révolution, et non la taxe des vaisseaux ou toute autre vexation politique :

(1) *On Heroes*, 323.

« Vous pouvez me prendre ma bourse, mais
» non anéantir mon âme. Mon âme est à Dieu
» et à moi (1). » — Et le même sentiment qui
les a faits rebelles les a faits vainqueurs (2). On
ne comprenait pas comment la discipline avait
pu subsister dans une armée où un caporal
inspiré gourmandait un colonel tiède. On trou-
vait étrange que des généraux qui cherchaient
en pleurant le Seigneur eussent appris dans la

---

(1) « Suppose now it were some matter of vital concern-
ment, some transcendant matter (as Divine worship is)
about which your whole soul struck dumb with its excess of
feeling knew not how to *form* itself into utterance at all,
and preferred formless silence to any utterance there possible. — What should we say of a man coming forward to
represent or utter it for you in the way of upholsterer-mum-
mery? Such a man — let him depart swiftly, if he love himself! — You have lost your only son, are mute, struck down,
without even tears : an importunate man importunately offers
to celebrate funeral games for him in the manner of the
Greeks. »　　　　　　　　　　(*On Heroes,* 323.)

« You may take my purse... but the self is mine and God
my maker's. »　　　　　　　　(*On Heroes*, 330.)

(2) Tom. I, 120.

Bible l'administration et la stratégie. On s'étonnait que des fous eussent été des hommes
d'affaires. C'est qu'ils n'étaient point des fous,
mais des hommes d'affaires ; toute la différence
entre eux et les gens pratiques que nous connaissons, c'est qu'ils avaient une conscience :
cette conscience était leur flamme ; le mysticisme et les rêves n'en étaient que la fumée.
Ils cherchaient le vrai, le juste, et leurs longues
prières, leurs prédications nasales, leurs cita-
tions bibliques, leurs larmes, leurs angoisses, ne
font que marquer la sincérité et l'ardeur avec
lesquelles ils s'y portaient. Ils lisaient leur
devoir en eux-mêmes ; la Bible ne faisait que
les y aider. Au besoin, ils la violentaient quand
ils voulaient vérifier par des textes les sugges-
tions de leur propre cœur. C'est ce sentiment
du devoir qui les réunit, les inspira et les sou-
tint, qui fit leur discipline, leur courage et
leur audace, qui souleva jusqu'à l'héroïsme
antique Hutchinson, Milton et Cromwell, qui
provoqua toutes les actions décisives, toutes les

résolutions grandioses, tous les succès extraordinaires, la déclaration de la guerre, le jugement
du roi, la purgation du Parlement, l'humiliation
de l'Europe, la protection du protestantisme, la
domination des mers. Ces hommes sont les véritables héros de l'Angleterre; ils manifestent en
haut relief les caractères originels et les plus
nobles traits de l'Angleterre, la piété pratique,
le gouvernement de la conscience, la volonté
virile, l'énergie indomptable. Ils ont fondé l'Angleterre à travers la corruption des Stuarts et
l'amollissement des mœurs modernes, par l'exer-
cice du devoir, par la pratique de la justice,
par l'opiniâtreté du travail, par la revendication
du droit, par la résistance à l'oppression, par la
conquête de la liberté, par la répression du vice.
Ils ont fondé l'Écosse; ils ont fondé les États-
Unis; ils fondent aujourd'hui, par leurs descen-
dants, l'Australie et colonisent le monde. Carlyle
est si bien leur frère, qu'il excuse ou admire
leurs excès, l'exécution du roi, la mutilation
du parlement, leur intolérance, leur inquisition,

le despotisme de Cromwell, la théocratie de Knox. Il nous les impose pour modèles, et ne juge le passé ou le présent que d'après eux.

V

C'est pour cela qu'il n'a vu que le mal dans
la révolution française. Il la juge aussi injuste-
ment qu'il juge Voltaire, et pour les mêmes
raisons. Il n'entend pas mieux notre manière
d'agir que notre manière de penser. Il y
cherche le sentiment puritain, et comme il
ne l'y trouve pas, il nous condamne. L'idée
du devoir, l'esprit religieux, le gouvernement de soi-même, l'autorité de la conscience
austère, peuvent seuls, à son gré, réformer une
société gâtée, et rien de tout cela ne se rencon-

trait dans la société française (1). La philosophie qui a produit et conduit la révolution était simplement destructive, proclamant pour tout Évangile « que les mensonges sociaux doivent » tomber, et que dans les matières spirituelles » suprasensibles, il n'y a rien de croyable. » La théorie des droits de l'homme, empruntée à Rousseau, n'était « qu'un jeu logique, une pédanterie, à peu près aussi opportune qu'une théorie des verbes irréguliers..» Les mœurs en vogue étaient l'épicurisme de Faublas. La morale en vogue était la promesse du bonheur universel. Incrédulité, bavardage creux, sensualité, voilà les ressorts de cette réforme. On déchaîna les instincts et l'on renversa les barrières. On remplaça l'autorité corrompue par l'anarchie effrénée. A quoi pouvait aboutir une jaquerie de paysans abrutis, lâchés par des raisonneurs athées ? « La destruction accomplie, » restèrent les cinq sens inassouvis, et le sixième

(1) *French Revolution*, I, 295, 20, 77.

» sens insatiable, la vanité ; toute la nature » démoniaque de l'homme apparut », et avec elle « le cannibalisme (1). » — Ajoutez donc le bien à côté du mal, et marquez les vertus à côté des vices ! Ces sceptiques croyaient à la vérité prouvée et ne voulaient qu'elle pour maîtresse. Ces logiciens ne fondaient la société que sur la justice, et risquaient leur vie plutôt que de renoncer à un théorème établi. Ces épicuriens embrassaient dans leurs sympathies l'humanité tout entière. Ces furieux, ces ou-

---

(1) « For ourselve we answer that French Revolution means here the open violent rebellion and victory of disimprisoned anarchy against corrupt worn-out authority.

» So thousandfold complex a Society ready to burst up from its infinite depths ; and these men its ruler and healer, without life-rule for themselves — other life-rule than a Gospel according to Jean-Jacques ! To the wisest of them, what we must call the wisest, man is properly an accident under the sky. Man is without duty round him, except it be to make the Constitution. He is without Heave above him, or Hell beneath him, he has no God in the world.

» While hollow languor and vacuity is the lot of the upper

vriers, ces Jaques sans pain, sans habits, se
battaiént à la frontière pour des intérêts huma-
nitaires et des principes abstraits. La générosité
et l'enthousiasme ont abóndé ici comme chez
vous; reconnaissez-les sous une forme qui n'est
point la vôtre. Ils sont dévoués à la vérité
abstraite comme vos puritains à la vérité divine;
ils ont suivi la philosophie comme vos puritains la religion; ils ont eu pour but le salut
universel comme vos puritains le salut personnel. Ils ont combattu le mal dans la société
comme vos puritains dans l'âme. Ils ont été

and want and stagnation of the lower, and universal mi-
sery is very certain, what other thing is certain? That a.
lie cannot be believed! Philosophism knows only this : Her
other relief is mainly that in spiritual suprasensual matters,
no belief is possible. ... What will remain? The five unsa-
tiated sense will remain, the sixth insatiable sense (of va-
nity); the whole *dœmonic* nature of man will remain.
» Man is not what we call a happy animal ; his appetite for
sweet victual is o enormous... (He cannot subsist) except by
girding himself together for continual endeavour and endu-
rance. »   (*French Revolution*, t. I, passim.)

généreux comme vos puritains vertueux. Ils ont eu comme eux un héroïsme, mais sympathique, sociable, prompt à la propagande, et qui a réformé l'Europe pendant que le vôtre ne servait qu'à vous.

VI.

Ce puritanisme outré qui a révolté Carlyle contre la révolution française le révolte contre l'Angleterre moderne. « Nous avons oublié » Dieu (1), dit-il, nous avons tranquillement » fermé nos yeux à la substance éternelle des » choses, et nous les avons ouverts à l'apparence » et à la fiction. Nous croyons tranquillement » que cet univers est au fond un grand Peut- » être inintelligible; à l'extérieur, la chose est » assez claire : c'est un enclos à bétail et une

(1) *Past and Present*, 185.

» maison de correction fort considérable, avec des
» tables de cuisine et des tables de restaurant non
» moins considérables, où celui-là est sage qui
» peut trouver une place ! Toute la vérité de
» cet univers est incertaine. Il n'y a que le profit
» et la perte, le pudding et son éloge qui soient
» et restent visibles à l'homme pratique. Il n'y
» a plus de Dieu pour nous ! Les lois de Dieu
» sont transformées en principes du *plus grand*
» *bonheur possible*, en expédients parlemen-
» taires ; le ciel ne dresse sa coupole au-dessus
» de nous que pour nous fournir une horloge
» astronomique, un but aux télescopes d'Hers-
» chel, une matière à formules, un prétexte à
» sentimentalités. Voilà véritablement la partie
» empestée, le centre de l'universelle gangrène
» sociale qui menace toutes les choses modernes
» d'une mort épouvantable. Pour celui qui veut
» y penser, c'est là le mancenillier avec sa
» souche, ses racines et son pivot, avec ses
» branches déployées sur tout l'univers, avec
» ses exsudations maudites et empoisonnées,

» sous lequel le monde gît et se tord dans l'atro-
» phie et l'agonie. Vous touchez le foyer central
» de nos maux, de notre horrible nosologie de
» maux, quand vous posez votre main là. Il n'y
» a plus de religion, il n'y a plus de Dieu.
» L'homme a perdu son âme et cherche en vain
» le sel antiputride qui empêchera son corps de
» pourrir. C'est en vain qu'il emploie les meurtres
» de rois, de bills de réforme, les révolutions
» françaises, les insurrections de Manchester. Il
» découvre que ce ne sont point des remèdes.
» L'ignoble éléphantiasis est allégé pour une
» heure, et sa lèpre reparaît aussi âpre et aussi
» désespérée l'heure d'après (1). » Depuis le

(1) « We have forgotten God ; — in the most modern dialect and very truth of the matter, we have taken up thef act
of this universe as it *is nót*. We have quietly closed our
eyes to the eternal substance of things, and opened them
only to the shews and shams of things. We quietly believe
this universe to be intrinsically, a great unintelligible PER-
HAPS; extrinsically, clear enough, it is a great, most extensive cattlefold and workhouse, with most extensive kitchen-
ranges, dining-tables, — whereat he is wise who can find

retour des Stuarts, nous sommes utilitaires ou
sceptiques. Nous ne croyons qu'à l'observation,
aux statistiques, aux vérités grossières et sensibles; ou bien nous doutons, nous croyons à

a place! All the truth of this universe is uncertain; only
the profit and loss of it, the pudding and praise of it, are
and remain very visible to the practical man.

» There is no longer any God for us! God's laws are become a greatest-happiness principle. a parliamentary ex-
pediency : the Heavens overarch us only as an astronomi-
cal time-keeper; a butt for Herschel-telesopes to shoot
science at, to shoot sentimentalities at : — in our and old
Jonson's dialect, man has lost the *soul* out of him; and
now, after the due period, — begins to find the want of it!
This is verily the plague-spot; centre of the universal social gangrene, threatening all modern things with frightful
death. To him that will consider it, here is the stem with
his roots and taproots, with its world-wide upas boughs and
accursed poison-exudations, under which the world lies
writhing in atrophy and agony. You touch the focal-centre of
all our disease, of our frightful nosology of diseases, when
you lay your hand on this. There is no religion; there is no
God; man has lost his soul, and vainly seeks antiseptic salt.
Vainly : in killings kings, in passing reform bills, in French
revolutions, Manchester insurrections, is found no remedy.
The foul elephantine leprosy, alleviated for an hour, reappears in new force and desperateness next hour. »

demi, par ouï-dire, avec des réserves. Nous
n'avons pas de convictions morales, et nous
n'avons que des convictions flottantes. Nous
avons perdu le ressort de l'action ; nous n'en-
fonçons plus le devoir au centre de notre volonté
comme le fondement unique et inébranlable de
notre vie ; nous nous accrochons à toutes sortes
de petites recettes expérimentales et positives,
et nous nous amusons à toutes sortes de jolis
plaisirs, bien choisis et bien arrangés. Nous
sommes égoïstes ou dilettantes. Nous ne regardons plus la vie comme un temple auguste,
mais comme une machine à profits solides, ou
comme une salle de divertissements fins (1).
Nous avons des richards, des industriels, des
banquiers qui prêchent l'évangile de l'or ; et
nous avons des gentlemen, des dandies, des
seigneurs qui prêchent l'évangile du savoir-
vivre. Nous nous surmenons pour entasser les
guinées, ou bien nous nous affadissons pour

(1) *Past and Present.— Latter day Pamphlets. Chartism.*

10.

atteindre à la dignité élégante. Notre enfer n'est plus, comme sous Cromwell, « la terreur d'être trouvés coupables devant le juste juge », mais la crainte de faire de mauvaises affaires ou de manquer aux convenances. Nous avons pour aristocratie des marchands rapaces qui réduisent leur vie au calcul du prix de revient et du prix de vente, et des amateurs oisifs dont la grande préoccupation est de bien garder le gibier de leurs terres. Nous ne sommes plus gouvernés. Notre gouvernement n'a d'autre ambition que de maintenir la paix publique et de faire rentrer l'impôt. Notre Constitution pose en principe que, pour découvrir le vrai et le bien, il n'y a qu'à faire voter deux millions d'imbéciles. Notre parlement est un grand moulin à paroles où les intrigants s'époumonent pour arriver à faire du bruit (1).

(1) « It is his effort and desire to teach this and the other thinking British man that said finale; the advent namely of actual open Anarchy, cannot be distant now, when virtual disguised Anarchy, long-continued, and waxing daily, has

Sous cette mince enveloppe de conventions et de phrases gronde sourdement la démocratie irrésistible. L'Angleterre périt si un jour elle cesse de pouvoir vendre l'aune de coton un liard moins cher que les autres. Au moindre arrêt

got to such a height; and that the one method of staving off that fatal consummation, and steering towards the continents of the future, lies not in the direction of reforming Parliament, but of what he calls reforming Downing street; a thing infinitely urgent to be begun, and to be strenuously carried on. To find a Parliament more and more the express image of the people, could, unless the people chanced to be wise as well as miserable, give him no satisfaction. Not this at all; but to find some sort of *King*, made in the image of God, who could a little achieve for the people, if not their spoken wishes, yet their dumb wants, and what they would at last find to have been their instinctive *will*, — which is a far different matter usually; in this babbling world of ours.

» A king or leader then, an all bodies of men, they must be their work what it may, there is one man here who by character, faculty, position, is fittest of all to do it.

» He who is to be my ruler, whose will is to be higher than my will, was chosen for me in Heaven. Neither except in such obedience to the Heaven-chosen, is reedom so much as conceivable. »

des manufactures, quinze cent mille ouvriers (1) sans ouvrage vivent de la charité publique. La formidable masse, livrée aux chances de l'industrie, poussée par les convoitises, précipitée par la faim, oscille entre les frêles barrières qui craquent; nous approchons de la débâcle finale, qui sera l'anarchie ouverte, et la démocratie s'y agitera parmi les ruines, jusqu'à ce que le sentiment du divin et du devoir l'ait reliée autour du culte de l'héroïsme, jusqu'à ce qu'elle ait fondé son gouvernement et son Église, jusqu'à ce qu'elle ait découvert le moyen d'appeler au pouvoir les plus vertueux et les plus capables (2), jusqu'à ce qu'elle leur ait remis sa conduite au lieu de leur imposer ses caprices, jusqu'à ce qu'elle ait reconnu et vénéré son Luther et son Cromwell, son prêtre et son roi (3).

(1) 1842, Rapport officiel.
(2) *Latter day Pamphlets*, I, *Parliament*.
(3) *Past and Present*, 323. « L'Europe demande une aristocratie réelle, un clergé réel, ou bien elle ne peut continuer à exister. »

VII

Sans doute aujourd'hui, dans tout le monde civilisé, la démocratie enfle ou déborde, et tous les moules dans lesquels elle se coule sont fragiles ou passagers. Mais c'est une offre étrange que de lui présenter pour issue le fanatisme et la tyrannie des puritains. La société et l'esprit que Carlyle propose en modèles à la nature humaine n'ont duré qu'une heure, et ne pouvaient pas durer plus longtemps. L'ascétisme de la république a produit la débauche de la restauration; les Harrison ont amené les Rochester, les Bunyan ont suscité les Hobbes, et

les sectaires, en instituant le despotisme de
l'enthousiasme, ont établi par contre-coup l'autorité de l'esprit positif et le culte du plaisir
grossier. L'exaltation n'est pas stable, et l'on ne
peut la réclamer de l'homme sans injustice ou
sans danger. La générosité sympathique de la
Révolution française a fini par le cynisme du
Directoire et par les carnages de l'Empire. La
piété chevaleresque et poétique de la grande
monarchie espagnole a vidé l'Espagne d'hommes
et de pensées. La primauté du génie, du goût
et de l'intelligence a réduit l'Italie, au bout
d'un siècle, à l'inertie voluptueuse et à la servi-
tude politique. « Qui fait l'ange fait la bête », et
le parfait héroïsme, comme tous les excès,
aboutit à la stupeur. La nature humaine a ses
explosions, mais par intervalles; le mysticisme
est bon, mais quand il est court. Ce sont les
circonstances violentes qui produisent les états
extrêmes; il faut de grands maux pour susciter
de grands hommes, et vous êtes obligé de chercher des naufrages quand vous souhaitez con-

templer des sauveurs. Si l'enthousiasme est beau, les suites et les origines en sont cruelles; il n'est qu'une crise, et la santé vaut mieux. A cet égard, Carlyle lui-même peut servir de preuve. Il y a peut-être moins de génie dans Macaulay que dans Carlyle; mais, quand on s'est nourri pendant quelque temps de ce style exagéré et démoniaque, de cette philosophie extraordinaire et maladive, de cette histoire grimaçante et prophétique, de cette politique sinistre et forcenée, on revient volontiers à l'éloquence continue, à la raison vigoureuse, aux prévisions modérées, aux théories prouvées du généreux et solide esprit que l'Europe vient de perdre, qui honorait l'Angleterre, et que personne ne remplacera.

FIN.

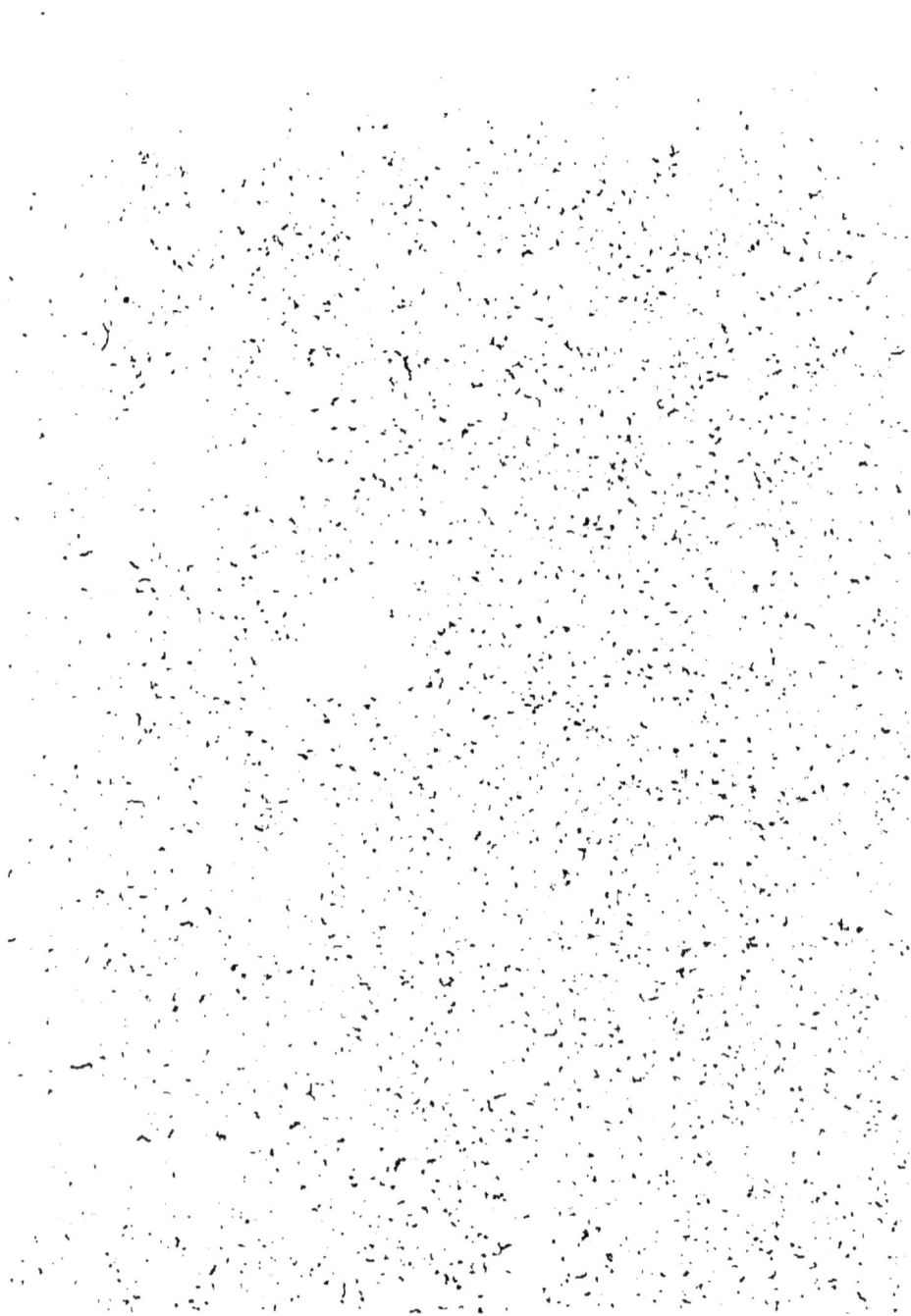

TABLE DES MATIÈRES

---

§ II. — SON ROLE.

§ III. — SA PHILOSOPHIE, SA MORALE
ET SA CRITIQUE.

FIN DE LA TABLE DES MATIÈRES.

LIBRAIRIE GERMER BAILLIÈRE

17, rue de l'École-de-Médecine.

BIBLIOTHÈQUE

DE

PHILOSOPHIE CONTEMPORAINE

Volumes in-18 à 2 fr. 50 c.

H. TAINE.

LE POSITIVISME ANGLAIS,

Études sur Stuart Mill.

H. TAINE.

L'IDÉALISME ANGLAIS,

Étude sur Carlyle.

PAUL JANET.

LE MATÉRIALISME CONTEMPORAIN.

ÉMILE DE GIRARDIN.

LE DROIT DE PUNIR.

ÉMILE SAISSET.

LE SPIRITUALISME CONTEMPORAIN EN FRANCE.

———

ÉMILE SAISSET.

L'ESTHÉTIQUE FRANÇAISE.

———

ODYSSE-BAROT.

PHILOSOPHIE DE L'HISTOIRE.

———

CHARLES LÉVÊQUE.

L'ART MODERNE ET LE SPIRITUALISME.

———

DE SUCKAU.

ÉTUDE SUR SCHOPENHAUER.

———

ED. AUBER.

PHILOSOPHIE DE LA MÉDECINE.

———

ALBERT LEMOINE.

PSYCHOLOGIE DES SIGNES.

———

LOUIS GRANDEAU.

LA SCIENCE MODERNE ET LE SPIRITUALISME

———

ALAUX.

PHILOSOPHIE DE M. COUSIN.

AUBER (Ed.). **Traité de la science médicale** (histoire et dogme), comprenant : 1° un Précis de méthodologie et de médecine préparatoire ; 2° un Résumé de l'histoire de la médecine, suivi de notes historiques et critiques sur les écoles de Cos, d'Alexandrie, de Salerne, de Paris, de Montpellier et de Strasbourg ; 3° un Exposé des principes généraux de la science médicale, renfermant les éléments de la pathologie générale. 1853, 1 fort vol. in-8................................ 8 fr.

AUBER (Ed.). **Hygiène des femmes nerveuses**, ou Conseils aux femmes pour les époques critiques de leur vie. 2ᵉ édition, 1 vol. grand in-8.............. 9 fr.

BARTHEZ. **Nouveaux éléments de la science de l'homme**, par P. J. Barthez, médecin de S. M. Napoléon Iᵉʳ. *Troisième édition*, augmentée du Discours sur le génie d'Hippocrate, de Mémoires sur les fluxions et les coliques iliaques, sur la thérapeutique des malades, sur l'évanouissement, l'extispice, la fascination, le faune, la femme, la force des animaux ; collationnée et revue par M. E. Barthez, médecin de S. A. le Prince impérial et de l'hôpital Sainte-Eugénie, etc. 2 volumes in-8 de 1010 pages............................ 12 fr.

BÉRAUD (B. J.) et Ch. ROBIN. **Manuel de physiologie de l'homme et des principaux vertébrés**, répondant à toutes les questions physiologiques du programme des examens de fin d'année, par M. Béraud, chirurgien des hôpitaux de Paris, revu par M. Ch. Robin, professeur de la Faculté de médecine de Paris. 1856-1857, 2 vol. grand in-18, 2ᵉ édition, entièrement refondue .... 12 fr.

Biographie médicale par ordre chronologique, d'après Daniel Leclerc, Éloy, Freind, Sprengel, Dezeimerts, etc. 1855, 2 vol. in-8 à 2 colonnes............. 6 fr.

BOUCHARDAT. **Le Travail**, son influence sur la santé (conférences faites aux ouvriers). 1863, 1 volume in-18 .... 2 fr. 50

BOUCHARDAT et JUNOD. **L'Eau-de-vie, ses dangers**, par M. le professeur Bouchardat et M. H. Junod, pasteur de Saint-Martin (Suisse). 1 vol. in-18, 1864.... 1 fr.

BOUCHARDAT. **Opuscules d'économie rurale**, contenant les engrais, la betterave, les tubercules de dahlia, les vignes et les vins, le lait, le pain, les boissons, l'alucite, la digestion et les maladies des vers à soie, les sucres, l'influence des eaux potables sur le goître, etc. 1854, 1 vol. in-8...................... 3 fr. 50

BOUCHARDAT. **Traité des maladies de la vigne.** 1853, 1 vol. in-8................................ 3 fr. 50

BOUCHARDAT. **Formulaire vétérinaire**, contenant le mode d'action, l'emploi et les doses des médicaments simples et composés, prescrits aux animaux domestiques par les médecins vétérinaires français et étrangers, et suivi d'un mémorial thérapeutique. 1862, 2ᵉ édit., 1 vol. in-18 .... 4 fr. 50

BOUCHARDAT. **Nouveau Formulaire magistral**, précédé d'une Notice sur les hôpitaux de Paris, de généralités sur l'art de formuler, suivi d'un Précis sur les eaux minérales naturelles et artificielles, d'un Mémorial thérapeutique, de notions sur l'emploi des contre-poisons et sur les secours à donner aux empoisonnés et aux asphyxiés. 1864, 12ᵉ édit., augmentée de formules nouvelles, et d'une note sur l'essai des urines, et pour laquelle le *Mémorial thérapeutique* a reçu d'importantes modifications. 1 vol. in-18.............. 3 fr. 50

BOUISSON. **Discours sur la certitude de la physiologie.** 1838, in-8.................... 1 fr. 25

BOURDET (Eug.). **Des maladies du caractère** (hygiène morale et philosophie). 1858, 1 vol. gr. in-18. 3 fr. 50

BOURDET (Eug.). **Causeries médicales avec mon client.** 1852, 1 vol. in-18.............. 4 fr.

BOURDET (Eug.). **Principes d'éducation positive.** 1863, 1 vol. in-18.............. 3 fr. 50

BOURGUIGNON et feu SANDRAS. **Traité pratique des maladies nerveuses.** 2ᵉ édit., corrigée et considérablement augmentée. 1860-1863, 2 vol. in-8.. 12 fr.

BRIERRE DE BOISMONT. **Des hallucinations, ou Histoire raisonnée des apparitions,** des visions, des

songes, de l'extase, du magnétisme et du somnambulisme. 1862, 3ᵉ édit., très-augmentée........ 7 fr.

BROC. **Essai sur les races humaines considérées
sous les rapports anatomique et philosophique.**
1 vol. in-8, avec 11 figures............. 3 fr. 50

BROUSSAIS. **De l'irritation et de la folie,** ouvrage dans
lequel les rapports du physique et du moral sont établis
sur les bases de la médecine physiologique. 2ᵉ édit., entièrement refondue. 1839, 2 vol. in-8..... 2 fr. 50

BROUSSAIS. **Examen des doctrines médicales.** 3ᵉ édit.,
1829-1834, 4 vol. in-8.................. 5 fr.

CARON. **Le Code des jeunes mères.** Traité théorique
et pratique pour l'éducation physique des nouveau-nés.
1859, 1 vol. in-8.................. 3 fr. 50

CASPER. **Traité pratique de médecine légale,** rédigé
d'après des observations personnelles par Jean Louis
Casper, professeur de médecine légale de la Faculté de
médecine de Berlin; traduit de l'allemand sous les yeux
de l'auteur, par M. Gustave Germer Baillière. 1862,
2 vol. in-8.................. 15 fr.
— Atlas colorié, se vend séparément........ 12 fr.

COMBE (GEORGE). **Traité complet de phrénologie,** traduit de l'anglais par le docteur Lebeau. 2 forts vol. avec
figures, 1844.................. 12 fr.

CHIPAULT. **Étude sur les mariages consanguins** et
sur les croisements dans les règnes animal et végétal,
1863, in-8.................. 2 fr. 50

CUVIER. **Discours sur les révolutions de la surface du globe** et sur les changements qu'elles ont produits dans le règne animal. 8ᵉ édition, 1 volume in-18 avec 7 figures................................ 2 fr. 50

DANCEL. **De l'influence des voyages sur l'homme** et sur ses maladies. 1 vol. in-8, 1846.......... 5 fr.

DE CANDOLLE. **Organographie végétale**, ou Description raisonnée des organes des plantes. 2 vol. in-8, avec 60 planches représentant 122 figures.......... 12 fr.

DELAFOND et BOURGUIGNON. **Pathologie et entomologie comparées de la psore** des animaux domestiques et de l'homme (ouvrage couronné par l'Institut). 1861, 1 fort vol. in-4 de 700 pages avec 7 planches.................................... 30 fr.

DELEUZE. **Instruction pratique sur le magnétisme animal**, précédée d'une Notice sur la vie et les ouvrages de l'auteur, et suivie d'une Lettre d'un médecin étranger. 1853, 1 vol. in-12................ 5 fr. 50

DELVAILLE (CAMILLE). **Études sur l'histoire naturelle.** Première série contenant : Unité des races humaines. — De l'alimentation par la viande de cheval. — L'œuvre d'Étienne Geoffroy Saint-Hilaire. — Biographie scientifique du XVIIIᵉ siècle. — Les hommes à queue. 1862, 1 vol. in-18.................................... 3 fr. 50

DUBOIS (d'Amiens). **Philosophie médicale.** Examen des doctrines de Cabanis et de Gall. 1845, 1 vol. in-8 .... 5 fr.

DUBOIS (AMABLE). **Manuel du malade à Vichy.** 1 vol. in-12, 1860...................... 2 fr. 50

DU POTET. **Traité complet de magnétisme,** cours en douze leçons. 1856, 3ᵉ édit., 1 vol. de 634 pag.   7 fr.

DU POTET. **Manuel de l'étudiant magnétiseur,** ou Nouvelle instruction pratique sur le magnétisme, fondée sur *trente années* d'expérience et d'observations. 1854, 3ᵉ édit., 1 vol. gr. in-18, avec 2 figures...   3 fr. 50

ÉLIPHAS LÉVI. **Dogme et rituel de la haute magie.** 1861, 2ᵉ édit., 2 vol. in-8, avec 24 figures...   18 fr.

ÉLIPHAS LÉVI. **Histoire de la magie,** avec une exposition claire et précise de ses procédés, de ses rites et de ses mystères. 1860, 1 vol. in-8, avec 90 figures.   12 fr.

ÉLIPHAS LÉVI. **La Clef des grands mystères,** suivant Hénoch, Abraham, Hermès trismégiste et Salomon. 1861, 1 vol. in-8, avec 22 planches............   12 fr.

ÉLIPHAS LÉVI. **Philosophie occulte. Fables et symboles,** avec leur explication où sont révélés les grands secrets de la direction du magnétisme universel et des principes fondamentaux du grand œuvre. 1893, 1 vol. in-8...................... 7 fr.

ETOC-DEMAZY. **Recherches statistiques sur le suicide,** appliquées à l'hygiène publique et à la médecine légale. 1844, 1 vol. in-8............   4 fr. 50

FABRE. **Dictionnaire des dictionnaires de médecine français et étrangers,** avec un volume supplémentaire rédigé sous la direction du professeur Ambroise Tardieu. 1851, 9 vol. in-8.............. 45 fr.

FERRUS. **Des prisonniers,** de l'emprisonnement et des prisons. 1850, 1 vol. in-8................. 7 fr.

FERRUS. **De l'expatriation pénitentiaire,** pour faire suite à l'ouvrage précédent. 1853, 1 vol. in-8.. 3 fr.

FODÉRÉ. **Essai médico-légal sur les diverses espèces de folie,** vraie, simulée et raisonnée, sur les causes et moyens de les distinguer, sur leurs effets *excusants* ou *atténuants* devant les tribunaux, et sur leur association avec les penchants au crime et plusieurs maladies physiques et morales. 1832, 1 vol. in-18....... 3 fr. 50

FOY. **Manuel d'hygiène publique et privée,** ou Histoire des moyens propres à conserver la santé et à perfectionner le physique et le moral de l'homme. 1845, 1 vol. grand in-18................... 4 fr. 50

GEOFFROY SAINT-HILAIRE. **Histoire naturelle des mammifères,** comprenant quelques vues préliminaires de l'histoire naturelle, et l'histoire des singes, des makis, des chauves-souris et de la taupe. 1834, 1 volume in-8................................. 8 fr.

JEANNEL (J.). **De la prostitution publique,** et parallèle complet de la prostitution romaine et de la prostitution contemporaine, suivi d'une étude sur le dispensaire de salubrité de Bordeaux. 2e édit., 1863, 1 vol. in-8 de 240 pages........................... 6 fr.

JOSAT. **De la mort et de ses caractères.** Nécessité de

réviser la législation des décès pour prévenir les inhumations précipitées. Ouvrage entrepris sous les auspices du gouvernement et couronné par l'Institut. 1854, 1 vol. in-8.. 7 fr.

LAFONTAINE. **L'Art de magnétiser**, ou le Magnétisme animal considéré sous les points de vue théorique, pratique et thérapeutique. 1860, 3ᵉ édit., 1 vol. in-8, avec figures............................... 5 fr.

LÉVEILLÉ. **Histoire de la folie des ivrognes**. 1830, 1 vol. in-8............................... 6 fr.

LUBANSKI. **Guide du poitrinaire** et de celui qui ne veut pas le devenir. 1861, 1 vol. in-18.......... 2 fr.

MACARIO. **Traitement moral de la folie.** 1843, in-4.................................... 1 fr. 50

MACARIO. **Du sommeil, des rêves et du somnambulisme**, dans l'état de santé et de maladie, précédé d'une lettre de M. le docteur Cerise. 1 vol. in-8, 1857. 5 fr.

MANDON. **Histoire critique de la folie instantanée, temporaire, instinctive**, ou Étude philosophique, physiologique et légale des rapports de la volonté avec l'intelligence, pour apprécier la responsabilité des fous instinctifs, des suicidés et des criminels. 1862, 1 vol. in-8 de 212 pages.................... 3 fr. 50

MÉNIÈRE. **Études médicales sur les poëtes latins.** 1858, 1 vol. in-8....................... 6 fr.

MÉNIÈRE. **Cicéron médecin**, étude médico-littéraire. 1863, 1 vol. in-18................... 4 fr. 50

MÉNIÈRE. **Les Consultations de madame de Sévigné**, étude médico-littéraire. 1 vol. in-8. (*Sous presse.*)

MOREAU-CHRISTOPHE. **De la mortalité et de la folie** dans le régime pénitentiaire. 1839, br. in-8... 2 fr.

MORIN. **Du magnétisme et des sciences occultes.** 1860, 1 vol. in-8...................... 6 fr.

MUNARET. **Le Médecin des villes et des campagnes.** 4ᵉ édit., 1862, 1 vol. gr. in-18......... 4 fr. 50

OLLIVIER (CLÉMENT). **Histoire physique de la femme.** 1857, 1 vol. in-8...................... 5 fr.

PADIOLEAU. **La médecine morale** dans le traitement des maladies nerveuses. Ouvrage couronné par l'Académie imp. de médecine. 1864, 1 vol. in-18. 4 fr. 50

POINTE. **Hygiène des collèges** (autorisée par le conseil de l'Université). 1846, 1 vol. in-18....... 4 fr. 50

POUGENS. **Dictionnaire de médecine et de chirurgie pratiques** mises à la portée des gens du monde, ou moyens les plus simples et les mieux éprouvés de traiter toutes les infirmités humaines, et contenant les conseils pour conserver la santé. 2ᵉ édit., 1820, 4 vol. in-8. 12 fr.

SHRIMPTON. **La Guerre d'Orient**, l'armée anglaise et miss Nightingale. 1 vol. in-8.............. 2 fr.

TERME et MONTFALCON. **Nouvelles considérations sur les enfants trouvés**, suivies des rapports sur l'histoire des enfants trouvés, par MM. BENOISTON DE CHATEUNEUF et VILLEMAIN. Lyon, 1838, in-8. 1 fr. 50

THÉVENIN (ÉVARISTE). **Hygiène publique**, résumé de dix ans de travaux de MM. Adelon, Baube, Bouchardat, Boudet, Boussingault, Boutron, Bussy, Cadet de Gassicourt, Chevallier, Combes, Devergie, Paul Dubois, Duchesne, Guérard, Husard, Jarry, Jobert (de Lamballe), Larrey, Lasnier, Lecanu, Lélut, Michel Lévy, Maillebiau, Michel, Payen, Poggiale, de Saint-Léger, Trebuchet, Vernois, Viel, au conseil de salubrité. 1 vol. in-18.............................. 2 fr. 50

TISSOT. **L'Onanisme**. Dissertation sur les maladies produites par la masturbation. Nouvelle édition, revue, corrigée, entièrement refondue, augmentée des travaux des médecins modernes, et suivie du poëme intitulé : ONAN, OU LE TOMBEAU DU MONT CINDRE, par Marc-Antoine Petit (de Lyon). 1856, 1 vol. gr. in-18 de 288 pag. 2 fr. 50

WOILLEZ (Madame). **Les Médecins moralistes**, code philosophique et religieux extrait des écrits des médecins anciens et modernes, notamment des docteurs français contemporains, avec un Discours préliminaire de feu le professeur Brachet (de Lyon), et une Notice par le docteur Descuret. 1862, in-8................. 6 fr.

ZIMMERMANN **De la solitude**, des causes qui en font naître le goût, de ses inconvénients; de ses avantages, et de son influence sur les passions, l'imagination, l'esprit et le cœur; traduit de l'allemand par M. Jourdan. Nouvelle édition, 1840, in-8.............. 3 fr. 50

Paris. — Imprimerie de E. MARTINET, rue Mignon, 2.